현대 유도교본

太乙出版社

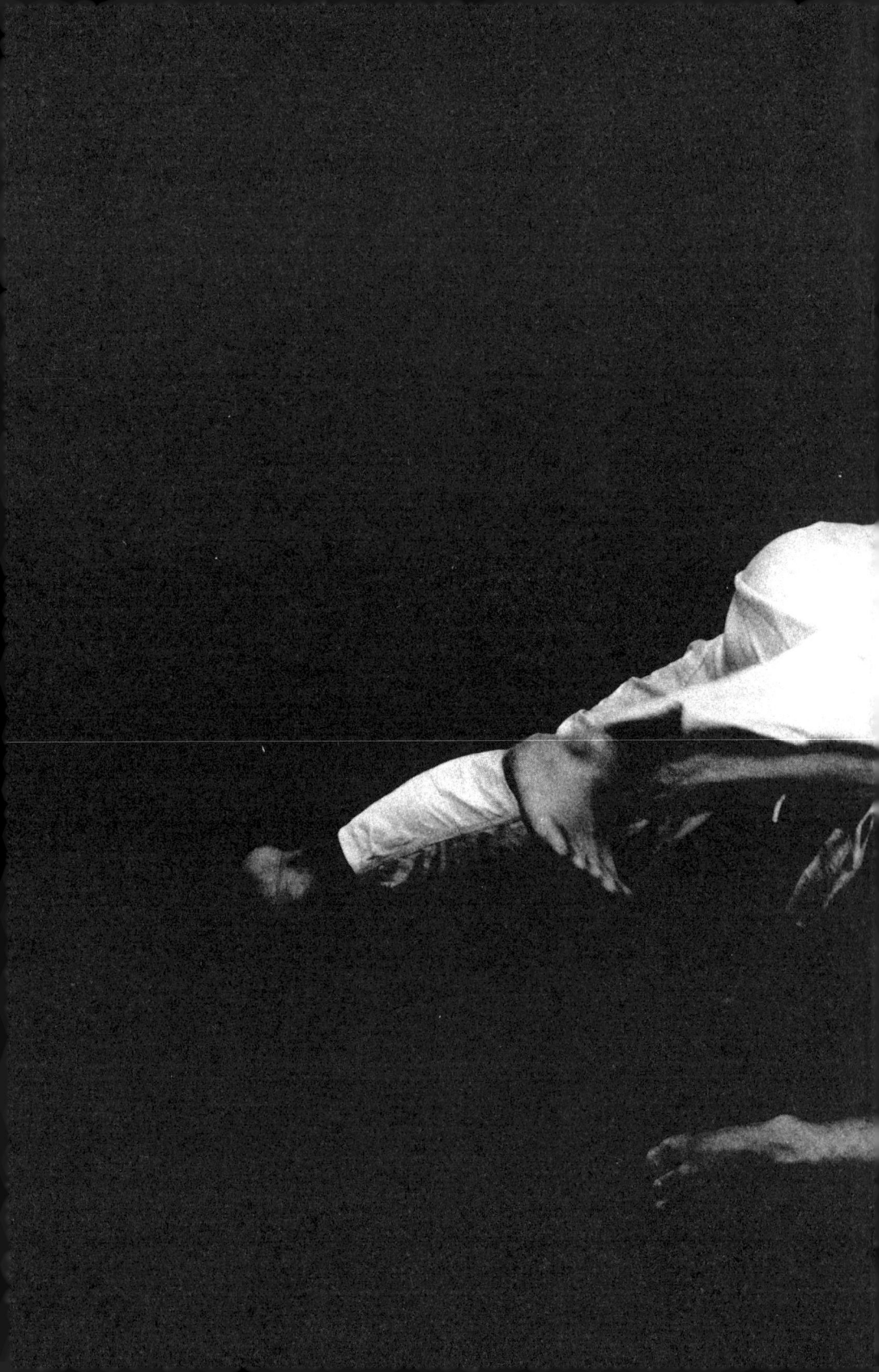

초보자도 쉽게 배우는
현대 유도교본

현대레저연구회 편

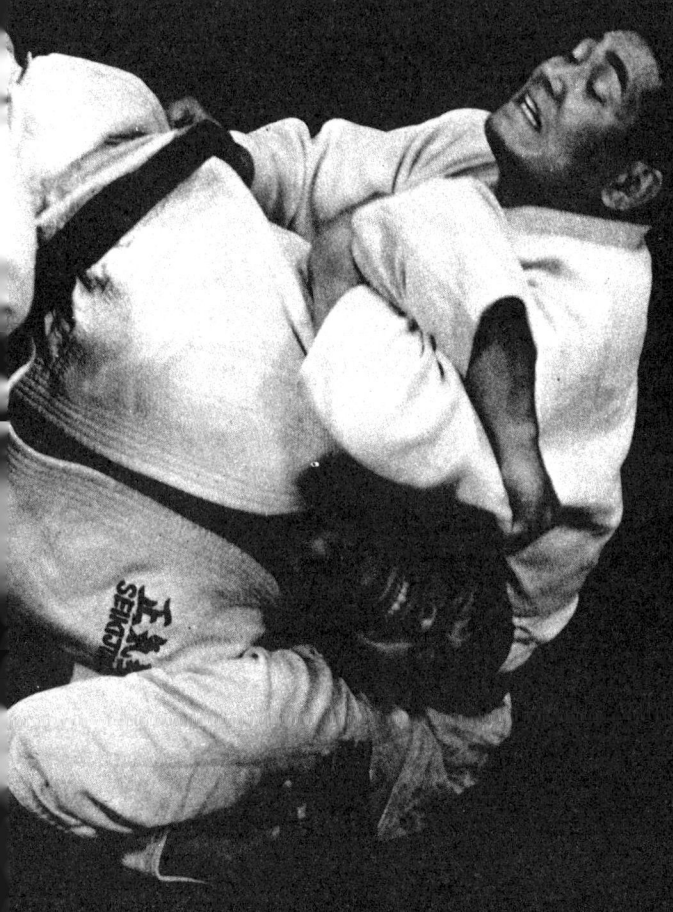

太乙出版社

머리말

스포츠 유도의 저변확대를 위하여

유도를 유술(柔術)이라고 부르고 있을 때의 기술은 현재 사용하고 있는 던지는 기법, 치기, 차기, 역(逆)을 잡는 등등의 다채로운 실기적인 이른바 격투기(格鬪技)였다.

그것이 시대를 보내고 서서히 형태를 바꾸어 위험한 것은 재고되어, 체육적인 견지에 서서 어린이로부터 노인에 이르기까지 할 수 있는 스포츠 유도가 되어 근년에는 국제적인 시합이 많이 열리게 되기에까지 성장하였다. 이렇게 되어 유도는 누구든지 친해질 수 있게 되었다고 하는 그 사실이 오늘날에 비약적인 발전을 가져왔다고 볼 수 있다. 그 비약은 당연 질적인 향상을 가져오지 않으면 안되게 되었다고 생각되나 현재의 유도를 보는 한 질적인 면에서는 오히려 후퇴하지 않았는가 하는 것이 거의 모든 유도인들의 소감인것 같다.

유도의 기술은, 연대를 거듭하여 혹은 구체화 되어감에 따라 내용이 변화하는 것은 당연한 일이며, 그것을 대체로 부정하는 것은 아니지만, 그러나 그 변화는 어디까지나 유도와는 어떤 것인가라고 하는 엄연한 본질이 인식되고 나서의 변화가 아니면 안된다고 생각된다.

본질, 다시 말해서 유도의 이 특수성이란, 한 마디로 말하면 작은 힘으로 어떻게 큰 힘을 제압하는가 하는 점이다.

지금 유도의 기술은 선기술(立技), 굳히기(固技)에 제한되어 있으므로, 실제적으로 배우는 데에 있어서는 선기술 편중, 누워서하는 기술을 경시하는 현상이 있다. 거기다 시합은 체중별로 하게 되어 있다. 국제대회가 활발해짐에 따라 '이긴다'고 하는 목적을 위해서 힘이 우선이 되고 기술도 거기에 따르게 되었다. 이대로라면 유도가 가게 되는 곳은 대체 어디인가. 앞으로 어떤 형태로 변해갈지 예측은 지극히 곤란하다.

이러한 시기에 있어서 정리하지 않으면 안되는 문제는 산적(山積)되어 있으나 우선 심판「룰」의 재검토, 심판의 양성, 유도의 본질에 있어서의 기술, 해석과 지도법의 확립, 나아가서 유도 전반에 대한 반성과 국제적인 입장에서의 여러 문제에 대한 획기적인 연구가 지금 시급하다고 볼 수 있다. 그것들의 해명이 없어서는 장래를 향한 기본 자세를 확립할 수가 없다.

그리고 이 혼미(混迷) 속에 있어서 우리는 강하게 되기 위해, 혹은 지도자로서 선수를 강하게 하기 위하여서는 무엇에 도전하면 좋은가 하는 현실의 문제가 있다. 그에 대한 시점(視點)은 여러가지 있으나 나는 우선 유술(柔術)과 유도와의 관계를 재고하여 동작 판단, 무너지기의 중요성, 맞잡은 손, 자세의 기본 등에 대해서 숙고해야할 필요성이 있어야 한다고 생각된다.

현재 유도는 어떤 의미에서 무척 폭이 좁은 것으로 되고 말았으나 본래의 유도는 폭이 넓고 심오한 것이었다. 지금은 사용하지 않는 기술이라고 해도 유도의 치기, 차기, 역수(逆數)등을 포함하여 그 논리를 배우는 노력에서 유도의 본질, 예를 들면 몸의 동작, 잡는 방법, 넘어뜨리는 방법 등의 본질적인 형태가 부각될 것이라고 생각된다.

선기술, 굳히기를 현재의 것처럼 한쪽으로 치우친 자세로 사용하고 있다면 기성(旣成) 선수 이상의 것은 출현하지 않는다. 서서도 좋고 누워서도 좋다고 하는, 이른바 당연한 것을 목표로 하고 양성에 마음을 쓴다면, 특히 누워 메치기의 연구와 활용은 시급한 것이다. 이 책은 그러한 면을 고려하여 편집이 되었다. 실제로 운동을 실행하는 데 있어서는 기성(旣成)은 불문하고 현실을 솔직히 보는 것을 그 근본 자세로 했다. 그래서 이 책의 편집은 물론 기술해석, 실기 등에도 선기술편과 같이 지금까지의 교본과는 전혀 다른 색채가 나타난 것으로 생각하고 있다.

그 좋고 나쁨은 독자의 판단에 일임하고 싶으나 편자가 이 책을 정리하면서 기술 향상을 침체시키고 있는 요인이 되어 있지 않는가 하고 느껴진 것이 두 가지가 있다.

대체로 편집이 마무리된 단계에서 옛날의 교본을 보고 놀란 것은 실제적인 운동의 점수를 통해서 누워메치기의 지침서(書)가 적다고 하는 사실로서 그것들의 중적(重積) 속에서 새로운 것이 거의 나타나고 있지 않다고 하는 것이 그 하나이다.

또 하나는 국제「룰」, 혹은 심판원의 누워메치기에 대한 무지가 더욱더 누워메치기를 사용하지 않게 되어 그 의욕을 감퇴시키고 있다는 사실, 예를 들면 상대의 턱에 조금이라도 손이 닿으면 서로 떨어지게 한다든가 반칙을 주고 상대를 넘어뜨리고 제압해 가는 찬스를 엿보고 5초나 정지(靜止) 시키고 있어도 곧「정지」하고 지시를 내린다. 이래서는 선수가 누워메치기를 사용하고 싶어도 사용할 수 없는 실정이며 그 진보는 도저히 바랄 수 없는 것이다.

이 책은 그러한 약점들을 보완하는 측면에서 신경을 써서 편집을 하였으므로 평소에 유도에 관심이 있는 독자들에게 도움이 될 수 있으리라 확신한다.

편 자 씀

차 례

머리말 / 스포츠 유도의 저변확대를 위하여
메치는 기술에서 굳히는 기술로 · 9
누워메치기 공격의 패턴 · 45
엎드려 있는 상대에 대한 공격 · 75
바로 누운 자세에서의 공격 · 127
엎드려 있는 자세에서의 공격 · 164
발을 감아올렸을 때의 공격과 방어 · 179

메치는 기술에서 굳히는 기술로

　서 있는 상대를 어떻게하여 굳히는 기술(굳히기)로 유도하는가 하는 문제는 유도의 기술을 배우는 데 있어서 큰 과제이며 현대유도에 있어서는 특히 등한시 되고 있는 약점의 하나이다. 방법으로서는 다음의 두 가지로 대별하여 생각해 볼 수가 있다.
　① 메치기로서 상대를 제압하는 것을 주체로하여 공격하고 그 효과가 불충분한 경우에 틈을 주지 않고 굳히기에 연결해 가는 방법.
　② 굳히기에서 상대를 제압하는 것을 목적으로 하여 메치기를 교묘하게 효과적으로 실시하는 방법.
　① 의 방법은 실제로 누구나 무의식적으로도 하고 있는 것으로서 요는 메치고 맞잡는다는 것으로 문제는 없으나 ②의 방법은 연구를 되풀이하여야 하는 필요가 있어 어떻게 굳히기로 제압하는가가 요점이 된다.
　누워메치기는 강하지만 시합에서는 사용할 수 없다고 하는 선수를 흔히 볼 수 있는데 그들의 대부분은 메치기에서 누워메치기에의 연결 방법 즉, 어떻게 누워메치기에 들어가야 하는가 하는 점에서의 연구가 부족한 것이다.
　아무리 누워메치기를 잘한다고 해도 일방적으로 상대를 끌어넣으면 현행 심판규정에 위반이 되어 곧 일어 서지 않으면 안된다. 규정에서는 메치기에 효과가 있으며 계속해서 누워메치기로 연결할 경우, 혹은 상대를 「교묘히」 누워메치기로 유도할 때만이 누워메치기로의 계속을 인정하고 있기 때문이다.
　이 「교묘히」라고 하는 것은 막연한 것으로서 확실한 구체적인 규정이 없어 심판의 주관에 따라 좌우되고 있다. 최근, 특히 국제시합에서 볼 수 있는 것은 심판원의 누워메치기의 체험과 이해가 미숙하기 때문에 이 「교묘히」라고 하는 점의 견해 차이가 커서 모처럼 좋은 데까지 공격해 가서도 일어서게 되는 케이스가 많다. 메치기 편중에 현행 「룰」에 첨가하여 총체적인 심판기술의 미숙은 더욱더 누워메치기를 후퇴시키는 것이 되어 경시하는 경향이 있어 누워메치기의 발전과 흥미를 감퇴시키고 있다.
　최근에 와서는 어떻게 하여 「교묘히」 누워메치기로 연결해 가는가 하는 점에 중점을 두고 해설을 시도했다. 이 연구와 활용이야말로 누워메치기가 현대유도에 남게 되는게 아닌가의 중요한 문제가 될 것이라고 믿고 있기 때문이다.

A 우(右)대 좌(左)로 맞잡을 때

상대의 왼쪽 안다리를 왼쪽으로 몸을 열고 오른쪽 허리를 앞으로 내어 오른발에 중심을 주어 일단 받아 맞는다. 오른 팔로 상대의 오른쪽 허리를 깊이 안는다.

상대의 몸이 뻗어 올라가는 것에 맞추어 왼발을 왼쪽으로 비스듬히하여 앞으로 낸다.

허리를 내면서 오른 팔에 힘을 가하여 상대를 비스듬히 앞쪽으로 떨어낸다.

왼손은 잡고 있으면 상대가 엎드려 넘어지기 때문에 놓는 쪽이 낫다.

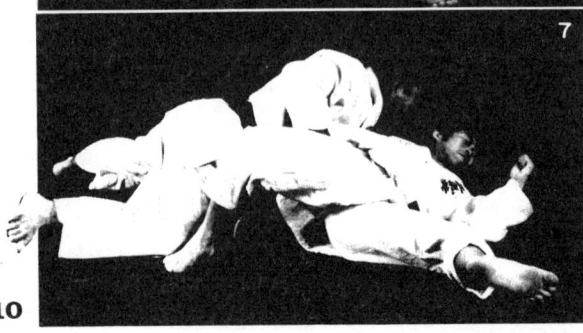

사진 6 - 7의 이면(裏面)

넘어뜨리면 틈을 주지 않고 상대의 오른쪽 소매끝을 누른다. 좌우 어느쪽의 손으로 눌러도 좋다.

B

상대가 안다리 등으로 공격해 온 것을 그 후의 기선을 잡아 틈을 주지 않고 넘어뜨리는 방법으로 A, B의 방법을 공히 관련시켜 사용할 수 있는 기법이다.

① 상대의 기술을 일단 받아 막을 것. 사진2참조.

② 몸을 던질 때는 허리를 앞으로 내고 몸을 제끼면서 자신의 무릎과 발가락 끝을 펴고 상대를 무릎을 끌게 하는 듯이 튼다. 사진 5·10참조.

③ 넘어지면 틈을 주지 않고 소매끝을 누른다.

상대의 기술을 오른쪽 허리를 내고 막는다.

상대를 반보(半步)정도 옆 정면에서 좌사형(左斜形)으로 앞으로 당겨 낸다.

넘어지지 않으려고 상대가 뻗어 올라갈 때 허리를 내고 오른발을 뻗어 뒤로 넘어뜨린다.

엉덩방아를 찧지 않도록 몸을 던진다.

머리나 손을 사용하여 틈을 주지않고 상대의 왼팔을 누른다.

서로 끌어당기는 손을 잡고 있지 않는 상태.

상대의 왼쪽 팔꿈치의 바깥쪽에 오른팔을 낸다.

팔돌리기는 메치기편에서 설명했으나(投技편 182P참조) 손의 사용법이 다르기 때문에 추가한다.
　이 기술로 아무리 확실하게 상대를 던져도 메치기의 효과로서는 인정되지 않고 어디까지나 관절기로서 인정되어 메치기와는 별개의 것이라고 하는 판단을 내리게 된다.
　자신으로부터 회전해가는 일도 있어 최종적으로 관절을 제압하는 일이 곤란하므로 굳히기로 옮겨가기 위한 방법이라 해도 좋다.
　【참고】 최근의 규정개정에서는 관절을 껴눌러서 회전해 가는 경우는 (참고②의 예) 메치기로서 인정되지 않으나 그 외의 경우(참고①의 예) 상대를 선명하게 던졌을 때는 메치기로서 인정되어 유효까지 인정된다. 그러나 국제규정에서는 아직 토의되어 있지 않다.
　제8회 세계선수권대회 준결승에서 일본 가와구치 4단이 이 방법을 사용하여 사진 4의 자세로 한번 돌아갔으나 팔의 제지가 불충분하여 효과가 없어 이 자세에서 다시 회전하여 상대를 넘겨뜨리고 굳히기를 제압한 적이 있다.

참고①
사진 3의 단계의 왼손의 조작

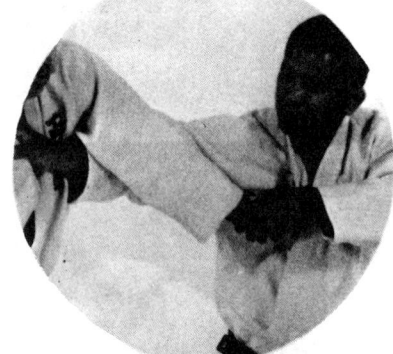
참고② 상대의 오른쪽 옷깃과 왼손 손목을 잡고 관절을 돌아서 들어가는 경우도 있다.

상대의 왼팔과 자신의 오른팔의 사이에 왼손을 밀어넣는다.

상대의 왼팔의 밑을 지나 회전해 간다.

1
오른쪽을 방어하며 허리를 빼고 있는 상대에 대해서 순간적으로 왼손으로 오른손 손목을 엄지손가락을 밑으로 하고 잡는다.

2
상대가 잡힌 오른쪽 팔을 당기고 뿌리칠려고 할 때 그것을 놓지 않고 당겨 들어가는 동시에 왼발을 상대의 오른쪽에 깊이 밟아 들어가서 잡고 있는 상대의 오른손 손목을 오른쪽 앞을 팔로 오른쪽 겨드랑이에 안는다.

3
꼭 안은 채 오른 팔을 뻗으면서 오른쪽 옆으로 이동한다.

참고①

참고②

14

4 다시 자세를 무너지지 않도록 하고 오른쪽으로 이동하면서 상대를 당겨 넘어뜨린다.

5 다시 왼쪽 무릎을 꿇고 상대를 엎드리게 한다.

6 왼쪽 무릎을 꿇은 그대로 오른쪽으로 이동하면서 완전히 꼼짝 못하게 한다.

7

    국내에 있어서 겨드랑이에서 굳힐 때 부상자가 흔히 나오기 때문에 손목을 잡고 자신의 체중을 일시에 상대의 발꿈치에 걸게 하는(참고①와 참고②) 방법은 국내 규정에 의해 금지되었다.
    그러나 이 연속사진처럼 상대의 오른손 손목을 확고히 고정시켜 자신의 몸의 이동에 따라서 상대를 끌어내고 무너뜨리게 하여 잡는 경우는 빈틈이 인된다.
    하나의 기술을 규정에 의해 매장해버리는 것은 용이하지만 그 이전에 신중한 연구와 지도가 있어야 한다.
    요점 사진 2에 있어서 상대의 오른손 손목을 확고하게 자신의 오른쪽 어깨 끝에 고정시킬 것.

상대가 방어자세로 왼팔을 뻗어 자신의 왼쪽 너머로 깊이 옷깃을 잡아 올 때.

왼손으로 상대의 왼손 손목에 가까이 앞 팔 부분을 잡고 자신의 어깨에 밀착시키고 이것을 놓치지 않도록 한다.

오른팔을 상대의 왼팔의 밖에서부터 돌린다.

이것들의 기술에 대해서 가장 중요한 요점으로서 말할 수 있는 것은 빠른 몸의 이동, 혹은 동작의 판단이다.

현대 유도가 세계적인 것이 된 것은 환영한다고 해도 잘못하면 승부 본위가 되어 자세를 구부리고 팔을 내밀고 발꿈치를 바닥에 붙이고 동작을 하고 있는 것을 흔히 볼 수 있는데 이것들에 대해서는 효력있는 공략 방법은 동작의 판단과 변화이며 특히 맞잡았을 때의 기술의 연구와 그 효과적인 활용에 있다.

상대의 왼팔을 위에서부터 껴안는다.

그대로 왼발로부터 화살표 방향으로 미끄러지듯 이동하여 상대를 엎드리게 한다.

오른손 팔꿈치를 붙이고 다시 이동하면 상대의 왼손 팔꿈치의 관절이 꼼짝 못한다.

자신이 왼쪽 자연체(自然体), 상대가 오른쪽 방어자세로 상대할 때 재빨리 상대의 오른손 왼손을 차례로 잡는다.

다시 오른손으로 상대의 오른쪽 옷깃을 깊이 잡고 당겨붙여 상대를 앞으로 넘어지도록 한다.

오른손 팔꿈치를 붙이고 다시 이동하면 상대의 왼손 팔꿈치의 관절이 꼼짝 못한다.

오른발을 상대의 왼발 앞에 낸다.

팔을 감아올리면서 몸을 오른쪽으로 비튼다.

팔과 함께 혹은 옆 사방을 경계하고 굳히게 한다.

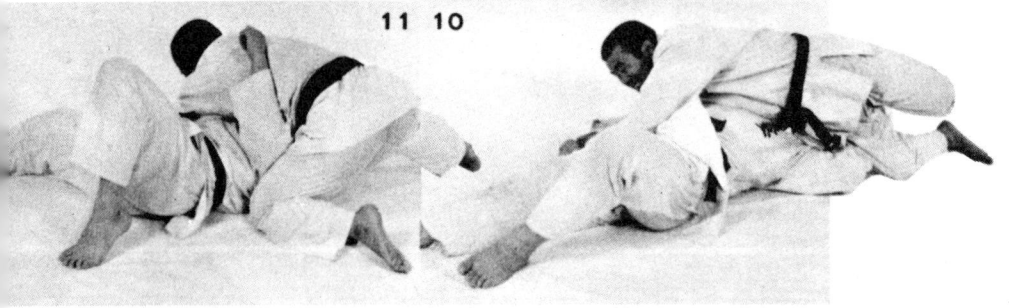

 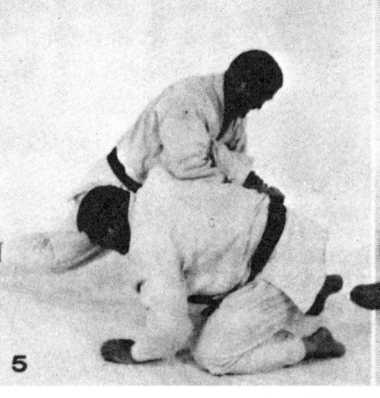 

오른손을 놓고 상대의 오른팔을 껴안고 들어가는 듯이 하고 팔과 함께 합친다.

그대로 자세를 낮추면서 후퇴한다.

엎드리게 하여 꼼짝못하게 한다.

상대가 앞쪽으로 회전을 하여 팔과 함께 합친 자세에서 빠져나가려고 할 때.

즉시 왼쪽 뒤로 굳히기의 자세를 만들어 상대의 오른 팔을 자신의 팔과 몸을 합쳐서 꼼짝 못하게 한다.

상대의 팔을 거의 직각으로 하고 꼼짝 못하게 하면 좋다.

그렇게 되지 않을 때는 그대로 굳히기로 누를 수가 있다.

자신은 왼쪽을 향한 자연스러운 자세로, 상대는 방어자세로 대할 때 왼손으로 상대의 오른쪽 소매의 중간을 잡는다. 상대가 그것을 피하여 오른팔을 당길려고 한다.

그때 상대의 오른손 손목을 오른손으로 잡고 왼발로부터 상대의 오른쪽 바깥쪽에 깊이 밟아 들어간다.

다시 오른손의 힘을 빼지 않고 뒤쪽으로 넘어뜨린다.

잡고 있는 오른손을 밀어올리고 상대를 뒤로 넘어뜨린다.

팔과 함께 꼼짝 못하게 한다.

그대로 상대의 뒤로 이동시킨다.

상대의 뒷쪽에 깊이 밟아들어 가면서 왼손으로 상대의 오른쪽 팔 윗부분의 바깥쪽에서 밀어넣어 팔과 함께 조르는 자세를 취한다.

요점 사진 5의 단계에서 상대도 팔에 힘을 넣어 열심히 넘어지지 않으려고 하므로 팔만으로 넘어뜨리게 하지 말고 빨리 몸의 이동으로 넘어뜨리게 하는 것이 중요하다.

상대가 왼쪽 방어자세로 허리를 빼고 왼손으로 오른쪽 옆깃을 잡고 당길 때.

틈을 주지 않고 왼손으로 상대의 오른쪽 깃을 깊이 잡고 후퇴하면서 상대를 앞으로 넘어지게 하고 오른손을 놓고 상대의 왼팔의 안쪽에 오른손 팔꿈치를 밀어넣는다.

몸을 낮게 하여 오른 팔로 상대의 왼팔을 밑에서부터 껴안으며 들어간다.

껴안고 들어간 상대의 왼팔을 팔굽히기로 결정낸다.

그대로 후퇴하여 자세를 낮게 하면 상대를 엎어 결정낼 수 있다.

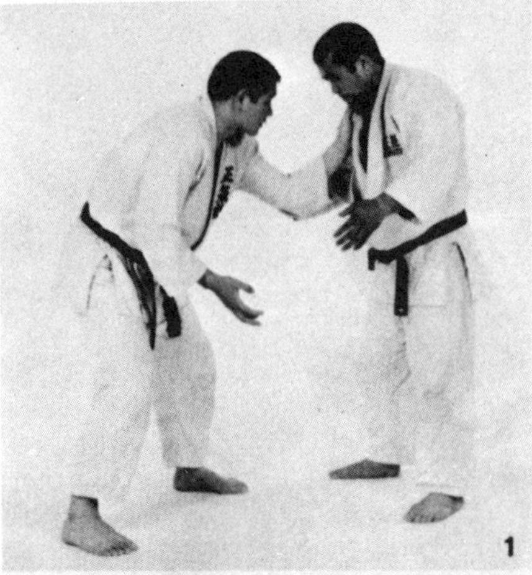

상대가 방어자세로 허리를 빼고 왼손으로 오른쪽 깃을 강하게 당겨붙일 때.

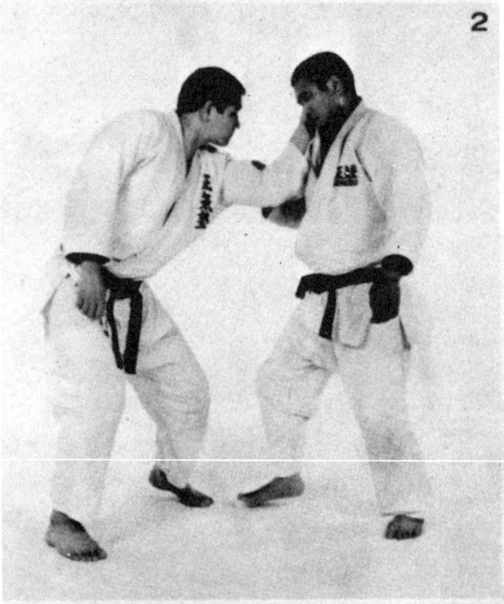

오른손으로 상대의 왼쪽 소매 가운데를 잡고 소매를 낚아 들어가는 듯한 허리동작을 하면 상대는 저항하여 더욱 강하게 왼손 팔꿈치를 안쪽으로 조른다.

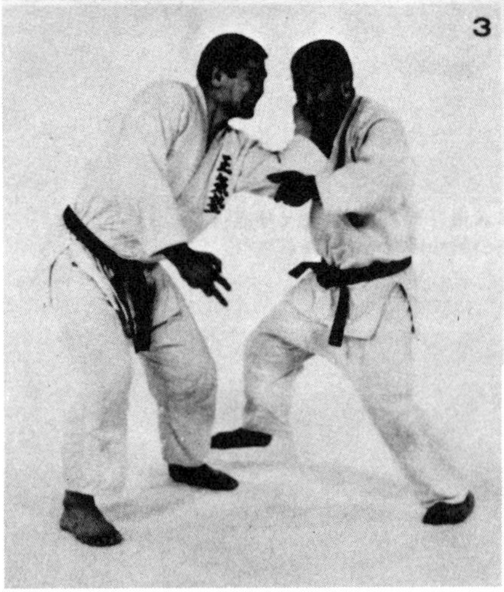

상대의 팔꿈치를 당겨붙이면서 오른발로부터 상대의 왼쪽에 깊이 밟아 들어간다.

기회를 보아 재빨리 오른손으로 상대의 왼쪽 소매 가운데, 혹은 팔꿈치를 밑에서 잡는다.

드디어 깊이 상대의 왼쪽 뒤에 밟아 들어 가면 상대는 왼쪽 팔꿈치를 윗쪽으로 낚여 올라가고 몸은 뒤로 넘어지려고 한다.

오른손을 내어 옷깃을 조르고 동시에 왼손 은 상대의 왼팔윗부분을 껴안는 것처럼하고 상대의 후두부(後頭部)에 돌아 조르면서 결 정을 낸다.

우리는 평시에 상대의 소매를 잡고 기술을 사용하는 일에는 숙달되어 있으나 상대의 팔을 직접 잡는 동작에는 숙달되어 있지 않다. 이것은 절대로 어려운 것 이 아니다. 요는 되풀이하여 연습하면 숙달된다.

상대의 오른쪽 옷깃을 깊이 오른 손으로(4지를 안으로) 잡는다.

상대의 몸을 꼬드기면서 2·3보 당겨낸다.

상대가 넘어지지 않으려고 뒤로 체중을 주는 것에 맞추어 왼발을 상대의 턱 밑으로 돌린다.

오른쪽 무릎을 상대의 오른쪽 가슴에 올린다.

양손으로 상대의 상체를 당겨붙여 올린 오른쪽 무릎의 반동을 이용하여 왼쪽 발을 차올린다. 마음껏 배를 앞으로 낸다.

다시 양손을 당겨붙여 자신
의 상체를 화살표 방향으로
일으키면서 왼발을 이용한다.

양무릎을 조른다.

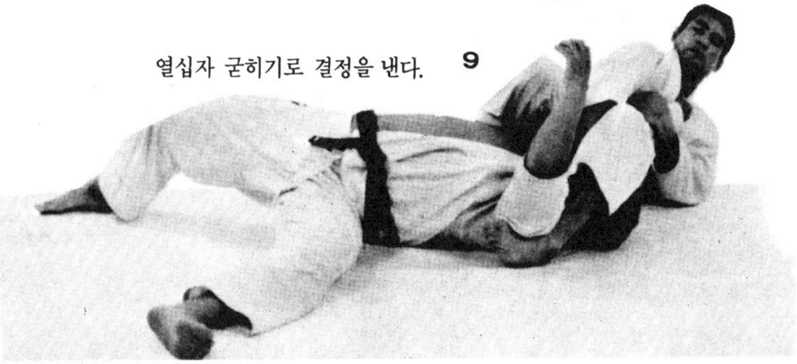

열십자 굳히기로 결정을 낸다.

이 방법은 민첩하고 동작이 빠른 사람에게 적
합한 기법이다. 사진 4의 상태에서 상대가 앞
으로 무너지면 그대로 상대를 자신의 왼쪽 어깨
방향으로 흔들어서 굳히기로 공격한다.

사진 3의 단계에서는 양손의 당겨붙이기와
무릎의 동작에 의해 상대의 동작을 제지하는
것과 동시에 왼발의 뛰어올라가기를 용이하게
한다.

이 방법은 몸을 떨어뜨리고 돌려메치기와 열십자(十字)굳히기를 사용하여 쉽게 공격할 수 있다.

몸을 옆에 떨어뜨리고 돌려메치기에 들어간다.

사진 4의 이면(裏面), 양무릎을 졸라붙여 상대의 오른팔이 움직이지 못하게 한다.

상대의 오른팔을 당겨붙여 오른발의 조작으로 상대가 오른쪽에 돌아 들어오는 것을 막는다.

틈을 주지 않고 허리를 들어 열십자굳히기의 자세로 들어간다.

오른발을 상대의 왼쪽 겨드랑이에 넣어 동시에 왼발의 틀기 동작을 이용하여 넘어뜨리고 열십자굳히기로 결정을 낸다.

7

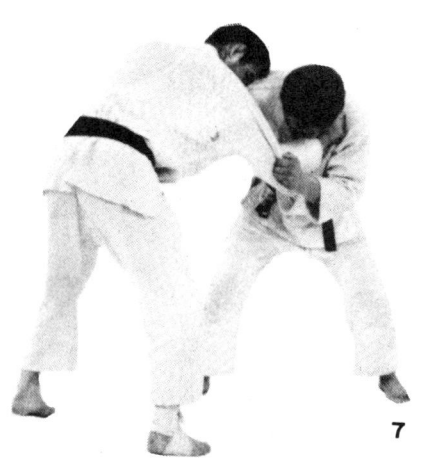

몸을 틀면서 상대의 왼쪽 무릎을 앞으로 넘어뜨린다.

8

9

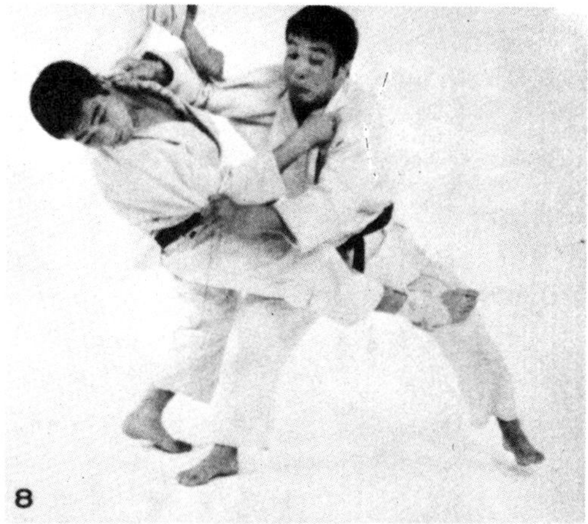

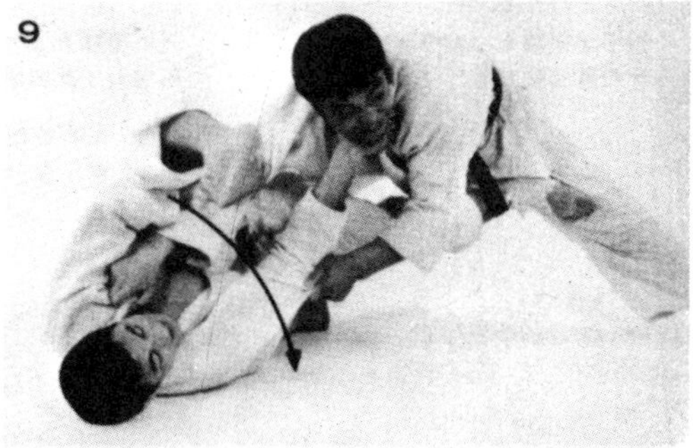

상대의 오른팔을 강하게 당겨 붙이고 제지하면서 배를 대고 기는 자세에 들어간다.

10

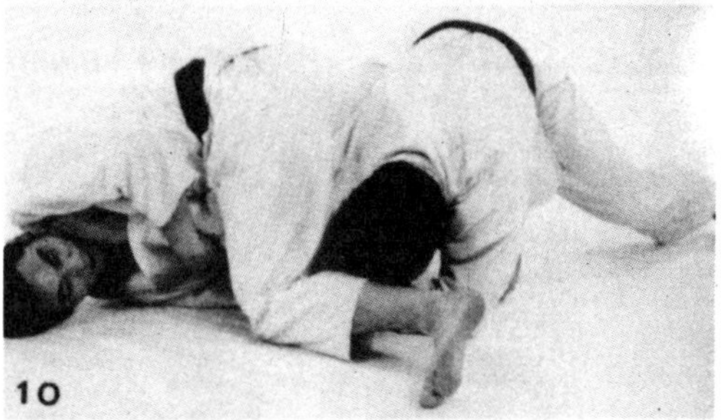

열십자 굳히기의 최대의 포인트는 상대의 팔을 잡았을 때의 양무릎의 조르기에 있다. 손을 사용하지 않아도 양무릎만으로 상대의 팔을 완전히 제지할 수 있는 훈련이 필요하다.

11

12

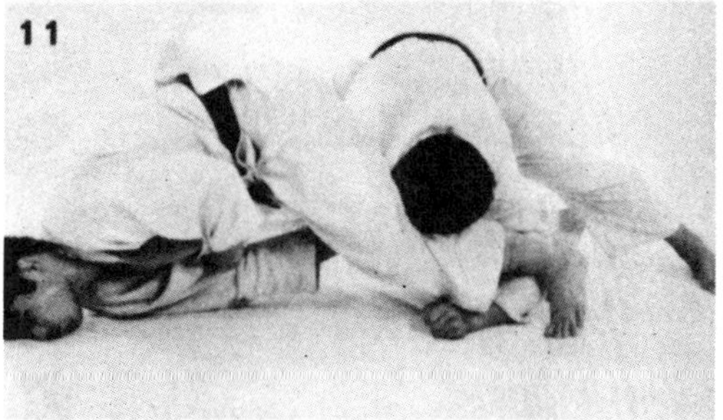

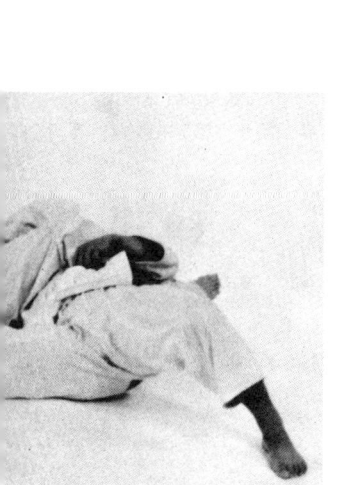

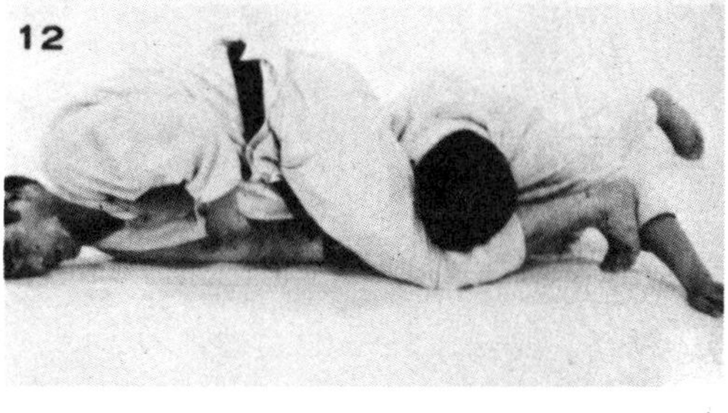

몸을 젖히고 열십자 굳히기로 결정을 낸다.

상대가 옷깃을 깊이 잡으려고 할 때 그 팔을 밀어낸다.

다시 옷깃을 깊이 잡으려고 오는 그 반동을 이용하여 가슴으로 뛰어 들어간다.

왼손을 상대의 허벅다리 사이에 넣어 오른발을 뻗어 내면서.

몸을 젖히고 상대를 앞쪽으로 넘어뜨린다.

오른손을 당겨붙이면서 몸을 틀고.

몸을 집어넣어 굳히기로 들어간다.

참고① 사진 2에서 가슴으로 뛰어들어 갔을 때 왼손으로 상대의 뒤 띠를 잡고 몸을 오른쪽으로 틀면서 넘어뜨리게 해도 좋다.

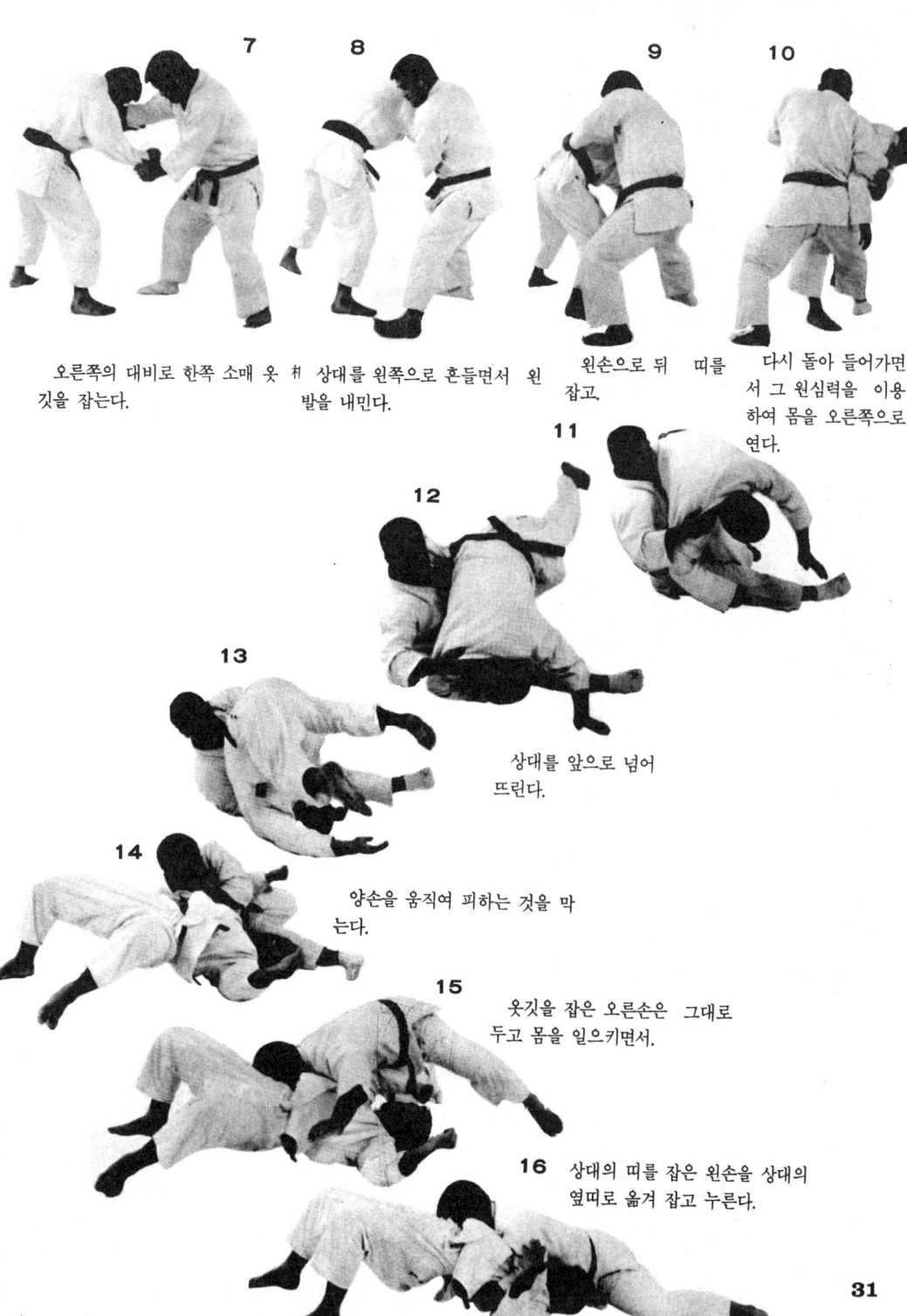

오른쪽의 대비로 한쪽 소매 옷 깃을 잡는다.

상대를 왼쪽으로 흔들면서 왼발을 내민다.

왼손으로 뒤 띠를 잡고.

다시 돌아 들어가면서 그 원심력을 이용하여 몸을 오른쪽으로 연다.

상대를 앞으로 넘어 뜨린다.

양손을 움직여 피하는 것을 막는다.

옷깃을 잡은 오른손은 그대로 두고 몸을 일으키면서.

상대의 띠를 잡은 왼손을 상대의 옆띠로 옮겨 잡고 누른다.

상대의 뒤 띠를 잡았을 때는 그대로 털어 감아들어가기, 끌어넣고 밀어내기, 띠잡기 등으로 공격할 수 있는 효과가 있다. 띠를 잡으면 절대로 어떻게하든 상대를 넘어뜨린다고 하는 평시의 연습이 필요하다. 전반적으로 띠를 잡고 할 수 있는 기술에 숙달되어 있지 않는 경향이 있으나 연구가 필요하다.

특히 시합에서 볼 수 있지만 상대가 머리를 숙여, 허리를 빼고 팔을 내밀고 있는 상태에서는 일반적으로 메치기는 좀처럼 효력을 내지 못한다. 그러한 경우에는 무리를 하더라도 뒤띠를 잡고 틀어 넘어뜨리고 누워메치기로 제압할 필요가 있다.

※ 사진 4의 단계에서 상대를 자신의 오른쪽 뒤 구석으로 틀어 넘어뜨려도 좋다.

상대를 흔들어 재빨리 뒤 띠를 잡는다.

왼손으로 상대의 오른쪽 무릎 근처를 잡는다. 왼손은 상대의 오른팔 너머를 잡아도 된다.

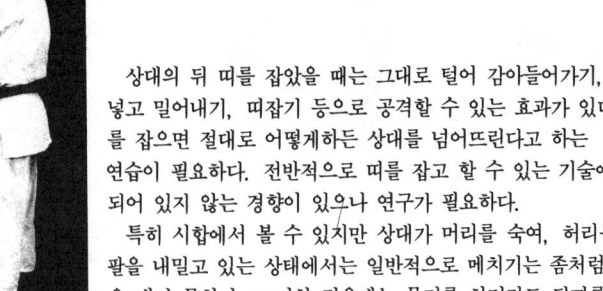

왼발을 깊이 밟아 들어가면서 오른발 발등을 상대의 왼발 오금 근처에 댄다.

상대의 몸을 당겨빼는 기분으로 뒤로 넣으면서 던진다.

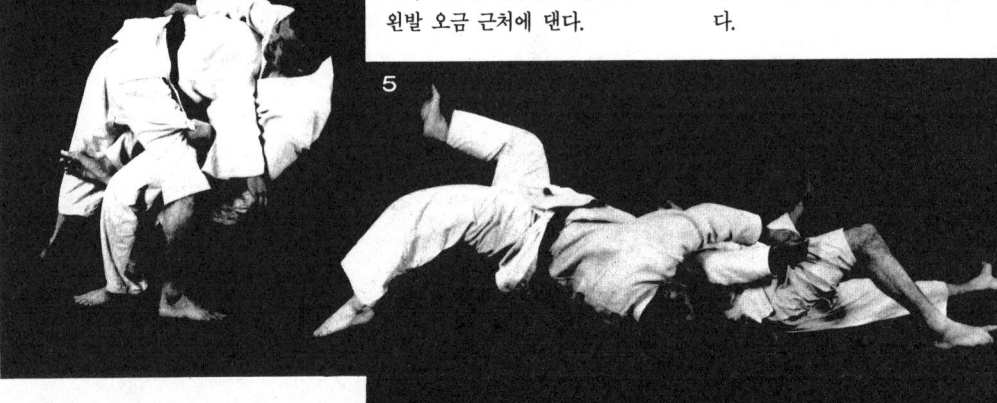

왼손으로 뒤띠를 잡고 그것을
조르면서 후퇴한다.

몸으로 쫓아 들어간다.

상대가 피하면서 몸을 뺄으려
고 할 때 오른발을 상대의 오른
발 발꿈치에 대고.

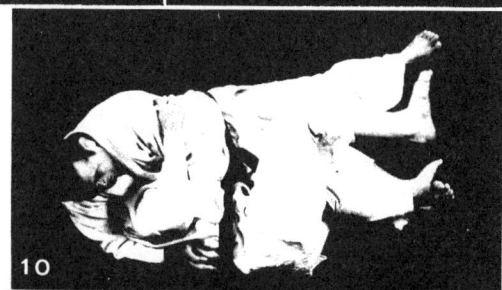

몸 전체로 넘어뜨리고 그대로
굳힌다.

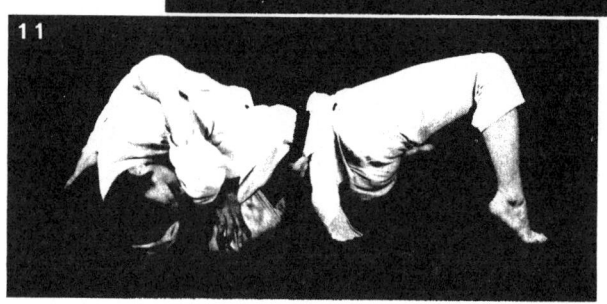

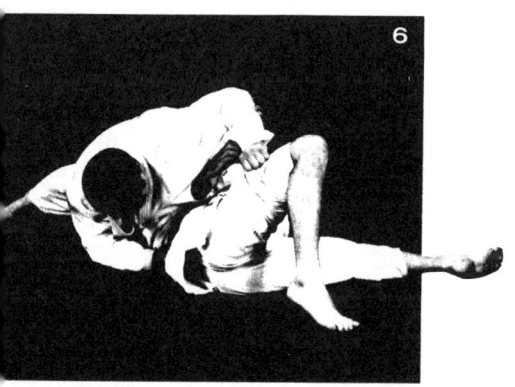

상대가 뒤 띠를 잡고 당겨들어 가는 것을 이용하여 공격하려고 한다.

한 순간 빠르게 오른팔을 다시 잡는다.

오른팔로 상대의 머리를 안고 들어가 오른발로 밟아들어가면서 왼손을 상대의 오른발의 뒤에서 허벅다리 사이로 넣는다.

몸을 틀면서 자신의 양손을 서로 잡는다.

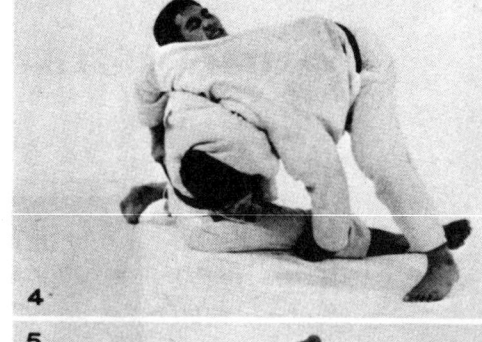

자신의 양쪽 발을 바꿔 넣는다.

이 기술은 연기자가 레스링의 기술에서 힌트를 얻어 응용한 것이다. 유도 외의 격투기술에서 배워야 하는 것도 많다.

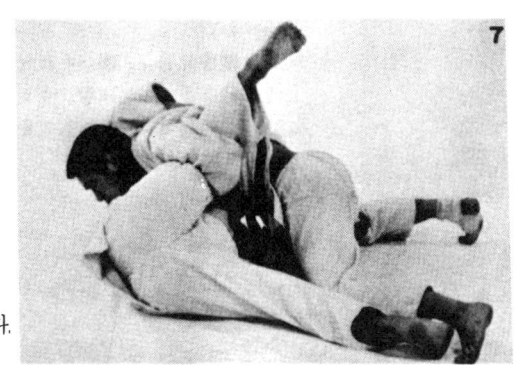

굳히는 기술로 옮긴다.

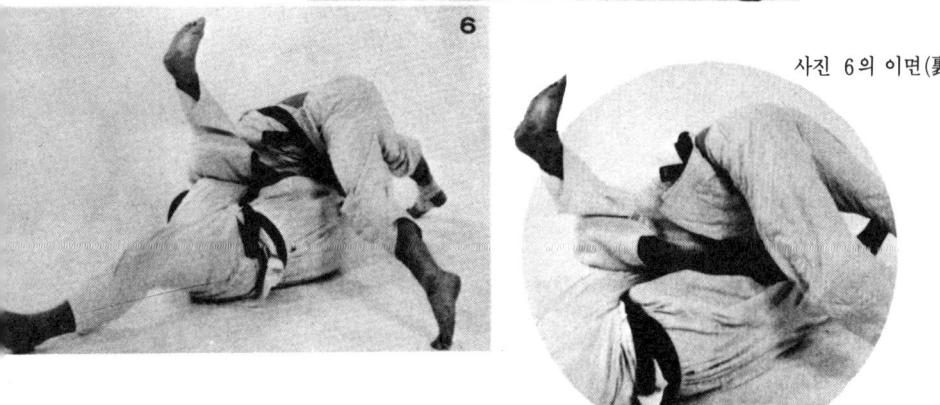

사진 6의 이면(裏面)

35

오른발을 반보(半步) 내면 상대가 방어를 생각하여 왼발을 낸다.

맞잡을 때 혹은 상대가 후퇴하려고하는 기회를 겨눈다.

걸기와 조르기는 공히 기습적인 요소가 강한 기술이며 상대가 공격을 예견하게 되면 효과가 적다.
걸기의 경우 걸린 사람이 흔히 발목을 다칠 경우가 있는데 이것은 쌍방에 책임이 있다. 기술을 거는 사람은 자신의 좌우의 발을 대는 위치를 정확하게 인식하고 기술을 써야 한다.

가까운 거리에서 상대의 안면을 견제하고 상체를 약간 뻗도록 한다.

다리 오금을 양팔로 껴안고 들어간다.

양발을 자신의 몸쪽으로 끌어올리면서 몸으로 넘어뜨린다.

오른발을 하복부에 대고 왼손을 짚는다.

왼발을 오금에 대고 화살표 방향으로 양발을 움직이면서 동시에 오른손을 똑바로 밑으로 당겨 떨어뜨린다.

예를 들면 오른발을 상대의 무릎, 왼발을 발꿈치에 걸었을 때 등은 걸리게 된 쪽이 앞으로도 뒤로도 넘어질 수가 없어 다칠 때가 많다. 걸려든 사람도 재빨리 몸을 처리하면 되지만 유도의 기본을 잊고 발꿈치를 바닥에 붙여서 유도를 하고 있기 때문에 다치게 되는 것이다.

※ 사진 2에서 왼발로부터 밟아 들어가 허벅다리 안으로 공격하는 듯이 하고 걸기로 변화시켜도 된다.

넘어뜨리면 틈을 주시 않고 누워 메치기에 들어간다.

틈을 주지 않고 누르기로 들어간다.

순간적으로 상대에게 매달리는 것처럼 하고 적합한 간격을 가진다.

상대가 뻗어 오르는 것에 맞추어 양손의 힘을 빼고 재빨리 오른쪽·왼쪽의 순서로 발을 나가게 한다.

이 방법은 어디까지나 맞잡은 순간을 겨누어 공격하는 것이다. 최근의 유도, 특히 메치는 기술에 있어서는 상대의 하반신을 공격하는 데 발을 사용하고, 상반신을 공격하는 데 팔을 사용하는 것처럼 손 발을 따로

메칠 때 크게 메치려고 한다면 그에 못지않은 발과 허리의 단련과 민첩성이 필요하는데 어떻게 넘어뜨리고 누워메치기로 공격하려고 하는 의식에서 연습하면 그렇게 어려운 것은 아니다.

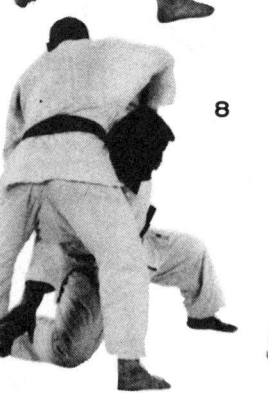

7

상대가 허리를 내리고 견디려고 하는 데를 오른손으로 상대의 왼발 발꿈치를 잡는다.

왼손을 소매끝에서 오른쪽 발목으로 옮겨 잡는다.

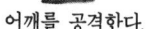
어깨를 공격한다.

발목을 잡고 올려, 넘어뜨린다.

따로 사용하는 경향을 볼 수가 있다. 손을 사용하고 하반신, 즉 발을 사용하여 상반신을 공격한다고하는, 동작의 크기나 공격 기술을 연구할 필요가 있다.

어깨를 앞으로 내면서 상대의 양발을 끌어넣는다.

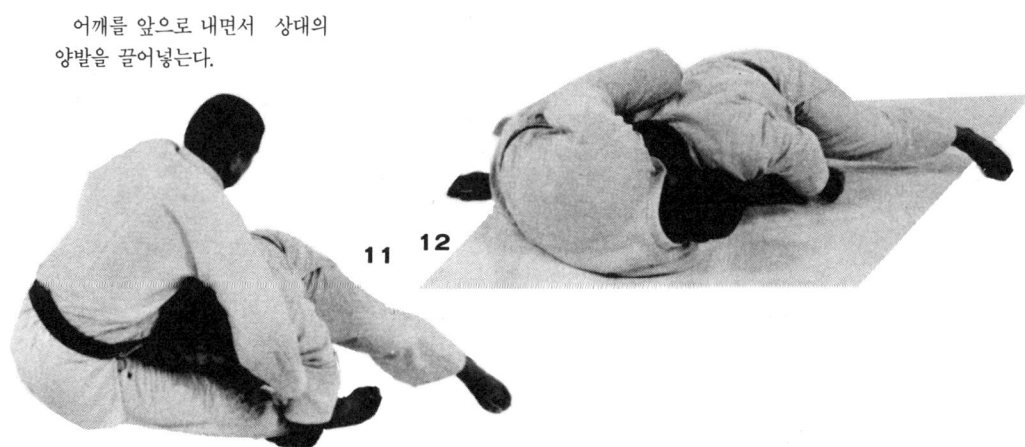

우측 대비로 한쪽 소매, 한쪽 옷깃을 잡는다.

상대를 화살표 방향으로 흔들어주면 왼발을 반보 밟아 나온다. 그것에 맞추어 상대의 왼쪽 겨드랑이 밑에서 오른팔을 통하여 등 뒤로 돌린다.

왼손은 상대의 왼쪽 소매 끝을 잡은 그대로

상대의 오른발 발꿈치에 오른발을 내밀고 뒤로 넘어뜨린다.

상대의 왼팔을 제압한 그대로 굳히기 기술로 공격한다.

양손의 조작으로 상대의 동작을 막으면서 왼발을 될 수 있는 대로 깊이 상대의 허벅다리 사이에 내민다.

한쪽 소매 한쪽 옷깃을 잡고

왼손으로 상대를 앞으로 끌어당기면서 오른손으로 뒤 띠를 잡는다.

오른손의 당겨붙이기와 오른발의 차올리기로 상대를 회전시킨다.

상대의 몸에 밀착하여 자신도 회전해간다.

몸을 바꿔 넣어 굳히는 기술로 옮긴다.

사진 3의 이면

양손으로 상대의 왼손을 잡고 앞으로 당겨낸다.

오른 손으로 상대의 등을 잡고 앞으로 기울어지게 한다.

사진 4의 이면, 안 허벅다리에 넣을 때는 중심되는 발을 상대의 왼발 바깥쪽에 두게 한다.

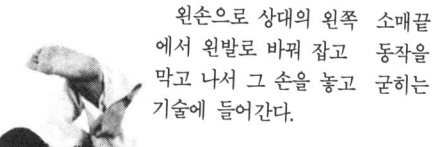

왼손으로 상대의 왼쪽 소매끝에서 왼발로 바꿔 잡고 동작을 막고 나서 그 손을 놓고 굳히는 기술에 들어간다.

그대로 허벅다리 사이로 넣는다. 자신의 왼쪽 어깨 끝에서 회전시키면서 상대를 돌린다.

최근 희생기(犧牲技), 혹은 그에 가까운 테크닉을 쓰는 사람이 적어지고 있다. 바꾸어 말하면 누워메치기를 하는 사람이 적어졌다는 것이다.

희생기(犧牲技)와 누워메치기는 끊을 수 없는 관계가 있어 누워메치기를 할 수 없는 사람, 자신없는 사람은 진실한 희생기를 할 수가 없다.

누워 메치기에 있어서는 되돌리기 기술과 나란히 희생기는 고등기술에 들어가지만 이것들의 기술이 시합에서 많이 사용되므로서 변화가 있는 유도의 진미를 알게 되는 것이 아닐까한다.

누워메치기 공격의 「패턴」

　근래 일류 선수가 자랑으로 하여 활용하고 있는 발의 판단방법으로부터 굳히는 기술에 들어가기까지의 과정을 순서를 밟아 해설해 본다. 일류 선수라해도 시합중에 자신있게 사용할 수 있는 누워메치기의 기술은 그다지 많은 것은 아니지만 이 자세가 되면 '이렇게 공격한다' 하고 자신을 가지는 독자적인 형을 각자가 몸에 지니고 있는 점에 있어서는 공통적으로 되어 있다. 그와 같은 형을 지니고 있지 않는 선수는 진보가 늦다.
　그럼 형을 체득(体得)하기 위해서는 무엇이 중요한가? 우선 누르는 기술을 몸에 익혀야 한다. 그 다음에 발의 판단법을 마스터하고, 그리고나서 그동안의 기술을 익혀야 한다. 최종적으로 그것이 효력을 나타내지 못할 경우에는 상대의 여러가지 대응법을 상정(想定)하여 2단 3단 대비에의 공격을 할 수 있도록 평소부터 훈련해 놓아야 하는 것이 중요하다.
　특히 발의 판단법에 대해서 말하면 침착하게 상대의 허리에 대해서 순서를 밟아 상대의 상체를 제압해 가는 방법과 힘을 주어서라도 스피드를 살리고 순간적으로 공격해 들어가는, 두 가지의 방법을 체득해 주기를 바란다.

상대의 양무릎을 눌러붙이면서 오른발을 나가게 한다.

상대의 왼무릎을 밀어내리고 왼손으로 상대의 오른 발을 밀어 넣는다.

왼쪽 무릎을 상대의 대퇴부 관절 근처에 밀어넣는다.

오른손으로 상대의 왼쪽 옷깃을, 다시 왼손으로 그 옷깃의 깊은 데를 잡고 당겨붙인다.

상대의 머리 방향으로 돌아들어가 넘어지면서 윗쪽 사방굳히기로 결정을 낸다.

왼발 발목으로 상대의 왼발을 제어한 그대로 상대의 오른쪽 어깨 너머로 옆띠를 잡는다.

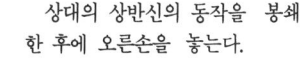

상대의 상반신의 동작을 봉쇄한 후에 오른손을 놓는다.

상대의 양발의 밑의 위치에서 눌러들어가는 공격에 있어서 겨누게 되는 중심점은 상대의 가슴 부분이다.

이 점을 목표로하여 순서를 밟아 조금씩 공격해 나가거나 일시에 옆쪽에서, 혹은 상대를 걸쳐타고 공격해 들어가면 된다. 신중히 공격하는 것은 좋으나 언제까지나 상대의 허리에 붙어 있어서는 교착상태가 되고 만다. 항상 자신의 머리와 얼굴의 방향을 중심점으로 향하게 하여 적극적으로 밀어들어가야 한다.

왼손으로 상대의 오른쪽 대퇴부를 위에서 끌어안고 들어간다. (사진A참조)

A

B

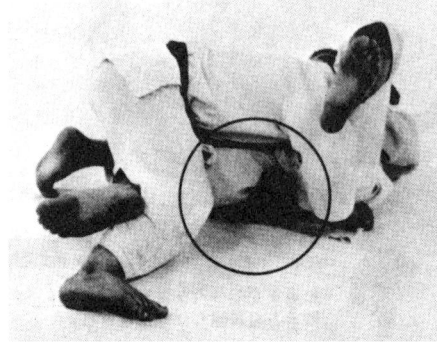

왼팔을 상대의 오른발의 밑으로 넣어 베개로 하고 그 무릎 쪽에 체중을 주면 상대의 오른쪽 허리가 정해지고 상대는 오른발을 쓰지 못하게 된다.

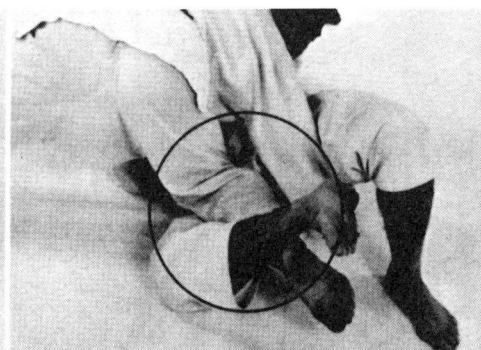

상대의 왼발에 대해서는 상의의 옷자락을 잡은 오른손의 조르기로 제압한다.

틈을 주지않고 옆 사방 굳히기로 결정을 낸다.

오른손으로 상의의 옷자락을 잡는다.

오른손의 조르기를 이용하면서 조금씩 몸을 올린다. 얼굴을 오른쪽으로 밀어내리면 상대의 왼발이 올라오기 때문에 주의.

틈을 보아 일시에 상반신을 굳힌다.

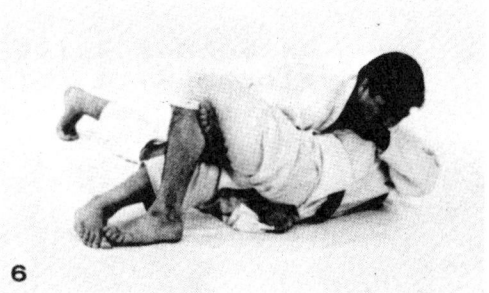

상대의 몸을 침착하게 굳힌다.

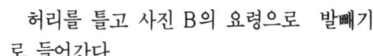

허리를 틀고 사진 B의 요령으로 발빼기로 들어간다.

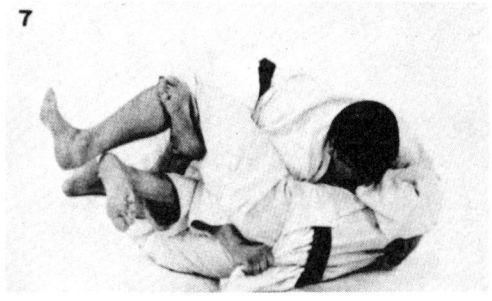

오른손의 조르기를 강하게 이용하면 상대의 허벅다리 사이에 상의의 옷자락이 물려들어가 상대의 허리는 죽고 만다. 그래서 자신의 오른발은 용이하게 빼낼 수 있다.

상대의 양발을 위에서 누르면서 오른발을 내보낸다.

장신으로 내리사방 굳히기를 잘하는 사람에게 적합한 기술로서 사진 1의 상태에서 양손을 사용하여 상대의 양 무릎을 합쳐서 뻗어, 그것을 걸터타고 상반신에 공격해 들어가는 방법도 있다.

3

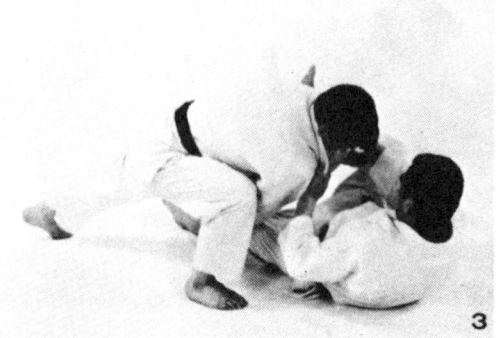

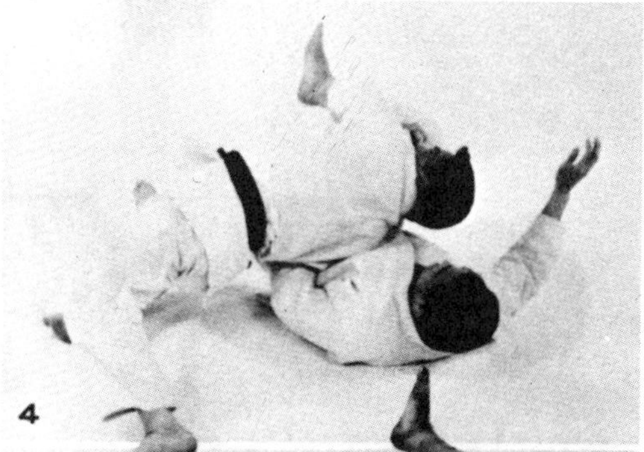

4

상대가 양팔을 사용하여 막을 때는 오른쪽 어깨를 상대의 양팔을 위해서 못쓰게 하고 공격한다.

5

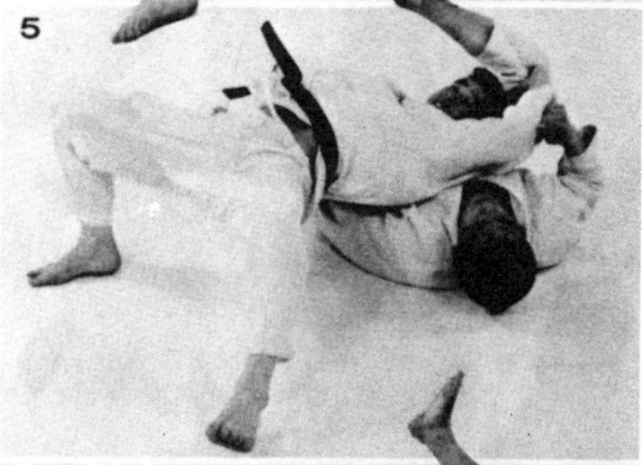

양손은 양무릎을 잡은 그대로 회전하여 상대의 상체에 올라간다.

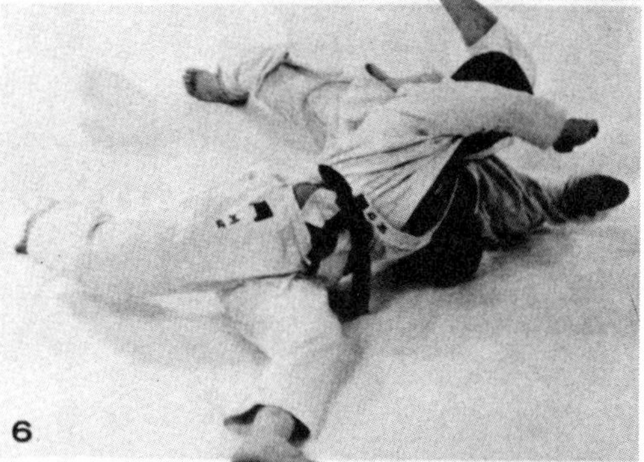

6

왼손은 상대의 오른쪽 무릎을 잡은 그대로 오른손을 놓고 몸을 바꿔 넣는다.

8

7

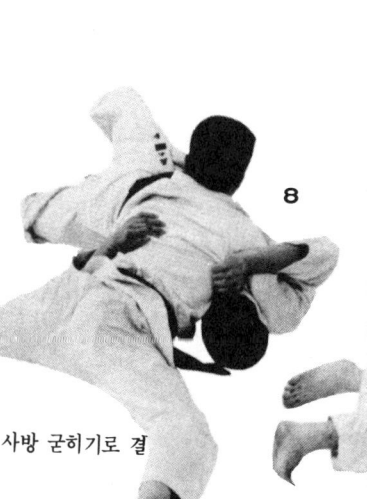

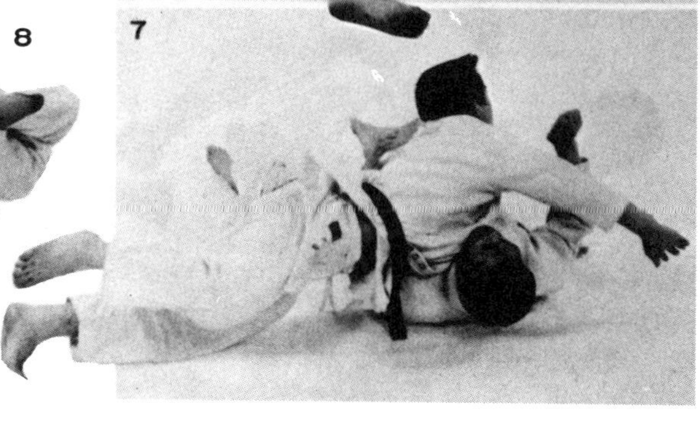

넘어져 윗쪽 사방 굳히기로 결정을 낸다.

회전을 받아들인 공격은 민첩성이 요구되어 작은 체격을 가진 사람에게 적합하다.
 상대가 어깨끝을 양팔로 밀고 버티고 있는 경우에는 회전함에 따라 몸의 휨으로 그것을 못하게 한다.

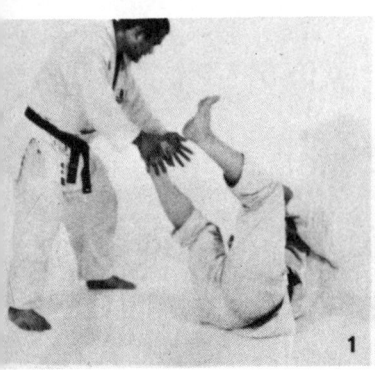  

오른손으로 상대의 오른발 발꿈치를 밑에서 잡고 왼손도 거기에 가한다.

양손으로 상대의 오른발을 안는 듯이 올리면서 오른발을 상대의 오른쪽 허리옆으로 밟아 들어간다.

이 방법의 요점(要点)은 사진 3에서 4에 걸쳐서 재빨리 상대의 오른발을 판단하여 왼손으로 상대의 왼쪽 옷깃을 잡는 일이다. 열십자 굳히기로 결정을 낼 때에 조심해야 할 일은 버티고 있는 상대의 손을 그 새끼손가락 방향으로 돌리면서 그 엄지손가락을 위로 하고 팔을 결정낸다 (사진14~16).

열십자 굳히기로 들어갈 때의 발 사용법은 양발을 상대의 상체 위에 뻗게 하거나 혹은 사진11~13처럼 양무릎을 굽히고 어깨를 끼고 사용해도 좋다.

그대로 뒤로 넘어지면서 오른팔을 열십자(十字)로 굳힌다.

오른손으로 상대의 오른팔을 안아 동시에 양무릎으로 그 어깨의 뿌리 부분을 낀다.

상대가 오른팔을 굽히고 강하게 저항할 때는 양무릎의 끼는 힘을 더욱 강하게 하면서 굽히고 있는 상대의 오른손을, 그 새끼손가락의 방향으로 힘을 가하여 결정낸다. (사진14~16참조)

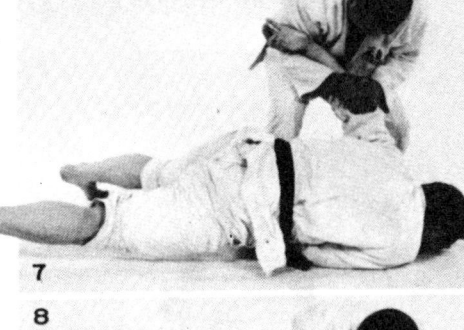

왼손으로 상대의 왼쪽 옷깃을 잡고 끌어 올려 동시에 오른쪽 무릎으로 상대의 하복부를 제어 한다.

기회를 보아 오른손을 놓아 상대의 왼팔의 안 쪽에서 오른팔을 넣는다.

상대의 왼쪽 팔꿈치를 팔 굳히기로 결정낸다.

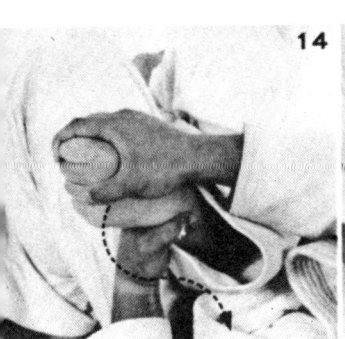
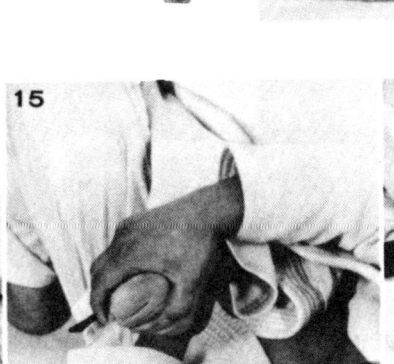
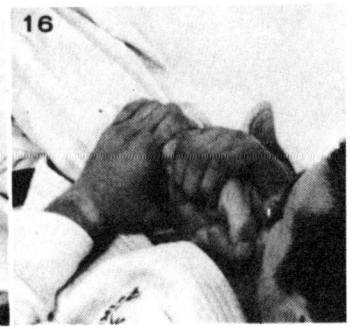

사진 5의 단계에서 상대가 왼 쪽으로 몸을 비틀어 피할려고 할 때.

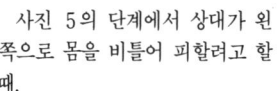

55

1

2

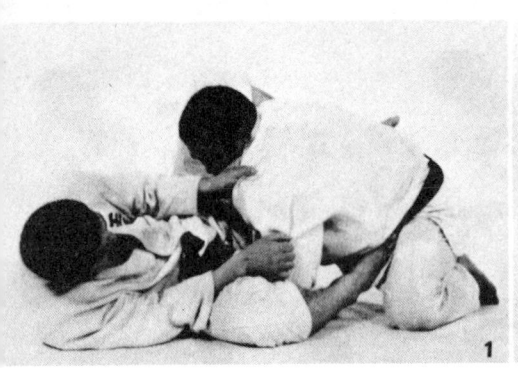

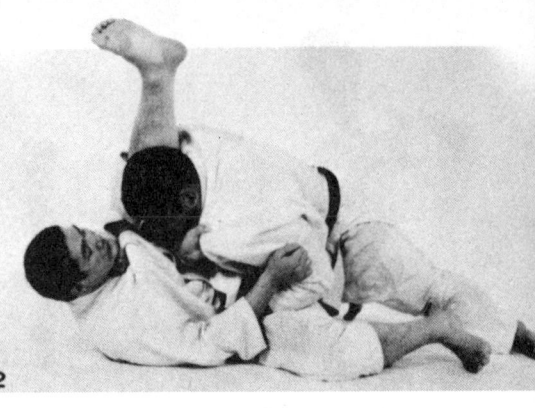

왼손으로 상대의 앞 띠를 잡고 그 팔꿈치로 오른발을 제어한다. 왼손으로 제어해도 좋다.

오른손으로 상대의 오른쪽 옷깃을 역수(逆手)로 잡고 당겨붙이면서 체중을 건다.

11

10

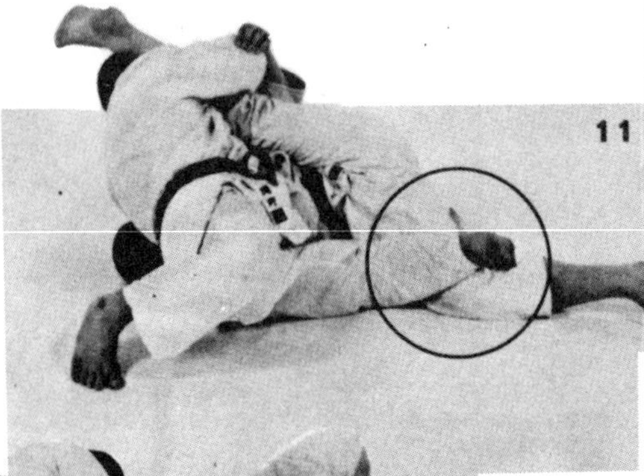

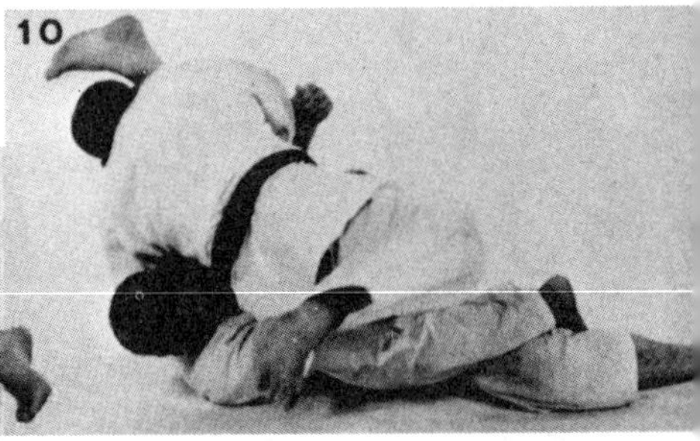

왼발은 상대의 오른발을 제어한 그대로.

12

최후의 결정 단계에서 이것을 푼다.

넘어져서 윗쪽 사방 굳히기.

13

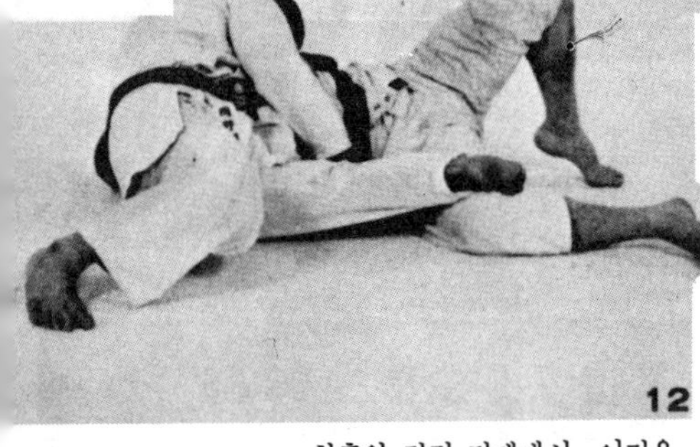

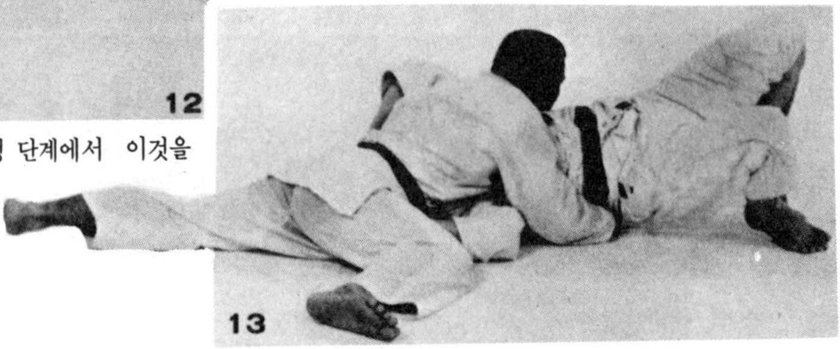

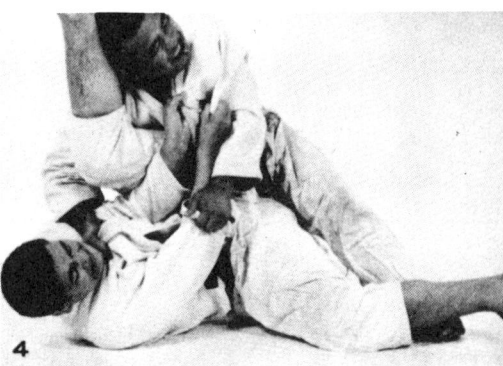

왼쪽 무릎을 밀어서 넣어 오른쪽 어깨를 화살표 방향으로 내면서 상대를 완전히 제압한다.

왼손으로 상대의 오른쪽 소매를 끌어당기면서 왼쪽으로 몸을 돌린다.

사진 3의 단계에서의 변화

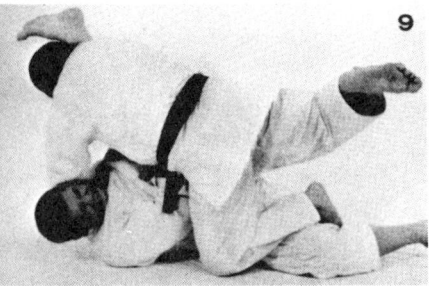

허리를 틀어 상대의 오른쪽에서 돌아 들어간다.

이 방법은 한쪽 발 메치기라고 부르고 있어 효과적인 것인데도 불구하고 그다지 사용되고 있지 않아 소개한다.

옆 사방 굳히기.

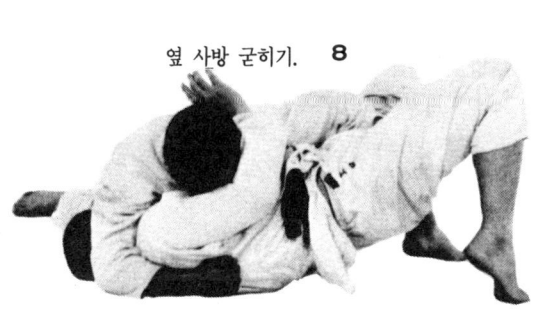

상대의 양발의 안쪽에서 양쪽 옆 띠를 잡는다.

상대의 몸을 일시에 끌어올린다.

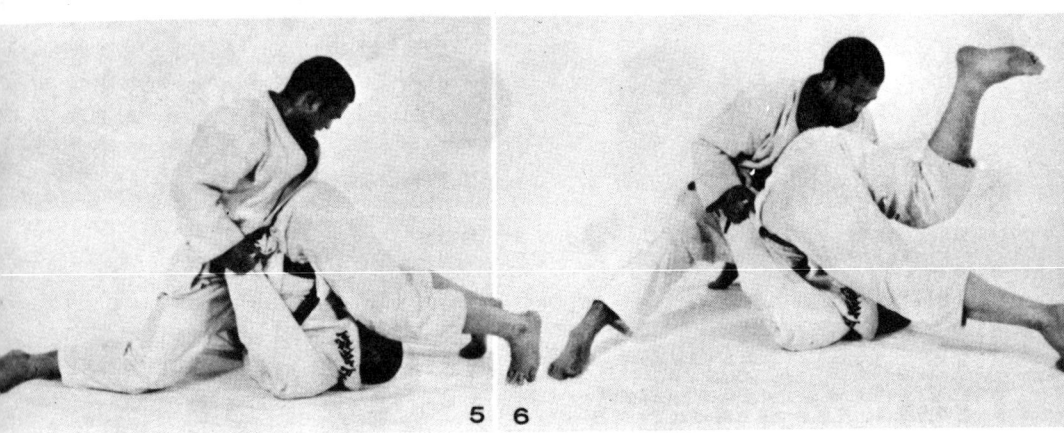

상대의 왼쪽 소매를 잡고 끌어 붙인다.

몸을 오른쪽으로 열면서 서서히 가슴으로 상대의 오른쪽 허리를 민다.

이 방법의 요점은 일시에 상대의 허리를 끌어 올려 양손을 이용함으로써 상대가 회전해서 피하지 못하도록 하는 데에 있다.

사진 5의 이면, 상대의 오른팔을 왼쪽 무릎으로 제어할 때.

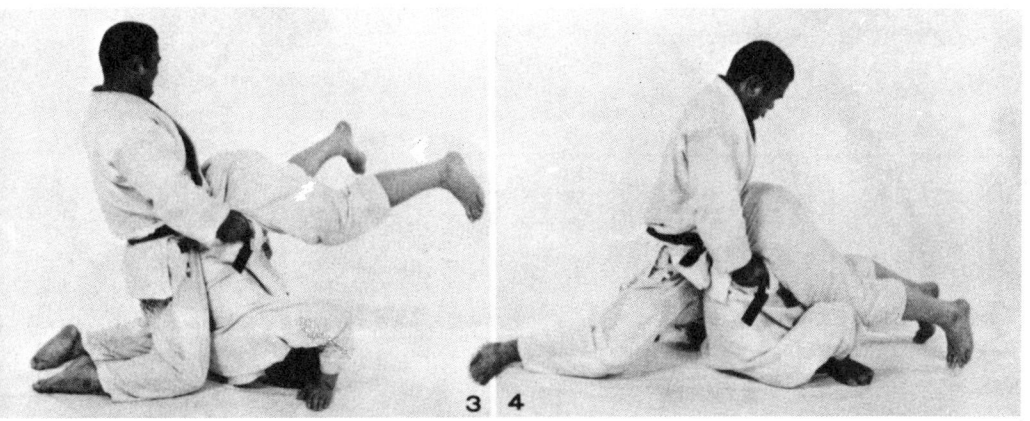

아랫배를 내고 양손을 눌러내려 상대가 회전하는 것을 막는다.

왼쪽 무릎으로 상대의 오른팔을 누른다.

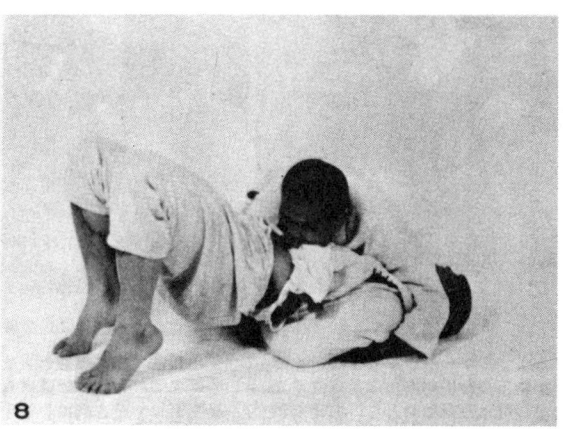

상대의 상반신에 돌아 들어간다.

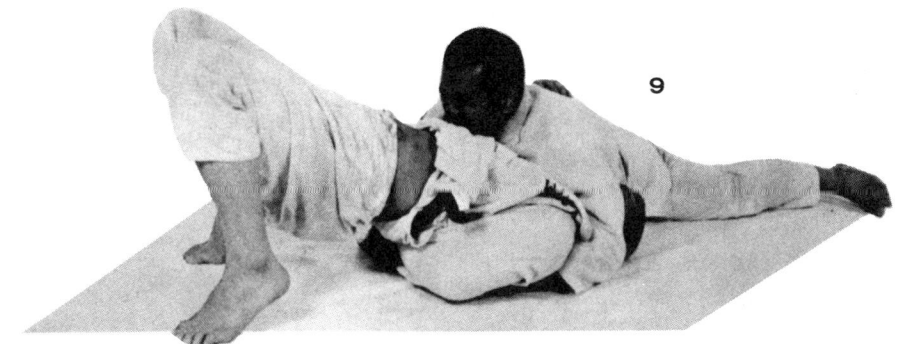

오른손으로 상대의 왼쪽 무릎을 화살표 방향을 넘어 뜨린다.

왼손에 바꿔 잡으면서 오른발을 반보 내보낸다.

A   B   C

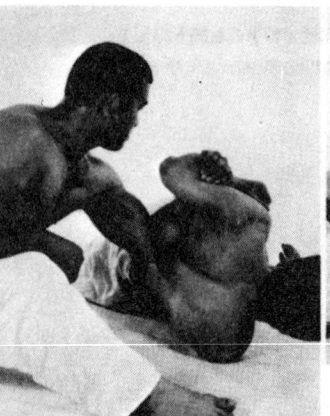
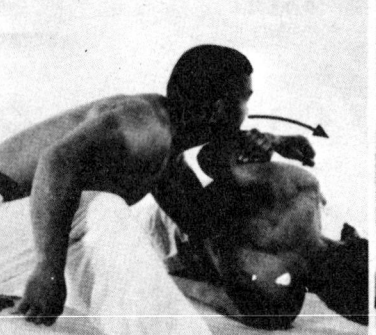
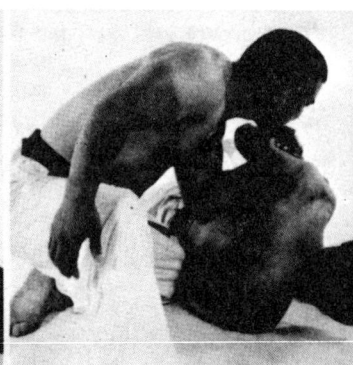

사진 7로 왼쪽을 걸 때 그 팔꿈치가 상대의 등에 닿도록 한다. 자신의 엉덩이는 왼발에 떨어뜨리고, 오른발을 앞으로 내어 버팀목처럼 하여 앞 뒤의 밸런스를 잡는다.

왼손만으로 상대의 동작을 그치게 한 경우, 상대는 화살표의 방향에는 피할 수 없으나 반동을 써서 반대방향에 급전시키면 피하게 할 경우가 있으므로 턱으로 상대의 왼쪽 팔꿈치를 누르고 거기에 대비하지 않으면 안된다.

자신의 왼쪽 무릎이 상대의 몸에 너무 가까이하면 어깨의 힘이 강한 상대에게는 엎드려 피하기 때문에 적당한 거리를 가지는 것이 중요하다.

상대의 오른쪽 옷깃을 잡고 자신쪽으로 당긴다.

왼발을 상대의 허리 근처에까
지 낸다.

동시에 오른손으로 상대의 왼
쪽 소매끝을 잡는다.

왼발을 주축으로하여 오른발을
다시 한 발 밟아 들어가서 상대
의 머리 방향에 돌아 들어간다.
상대가 오른발을 사용하여 막을
때는 양손을 사용하여 상대의 몸
을 끌어올린다.

일반적으로 가장 잘하고 있는
공격 패턴, 혹은 일반에게 많이
사용되어 있는 기술로서, 상대의
피하는 자세에 응하여 어떻게 사
용해 가는가를 연구해 보자.

상대의 허리를 안아 붙는다. 양손의 사용법은 사진 A와 B를 참조.

상대의 왼발이 자신의 허벅다리 사이에 들어가 있으면 공격에 장애가 된다. 사진 A의 요령으로 이것을 제압한다.

오른발로 바닥을 짚고 누른다.

자신의 왼발을 뻗치는 것과 함께 오른손으로 상대의 왼쪽 무릎을 밀어내린다.

왼쪽 무릎을 될 수 있는대로 빨리 깊이 나가 동시에 상대의 왼쪽 소매 끝을 잡는다. 왼쪽 무릎의 방향은 화살표 실선의 방향. 점선의 방향으로 하면 상대의 오른 발이 올라와서 장애가 된다.

왼손을 상대의 왼쪽 팔꿈치에 걸어 자신의 몸을 약간 돌려 들어가게 하고 상대와 90도의 각도로 한다.

자신의 몸을 후퇴시키면서 오른손은 손목을 사용하여 상대의 후두부를 뜨게하여 그 자유를 빼앗는다.

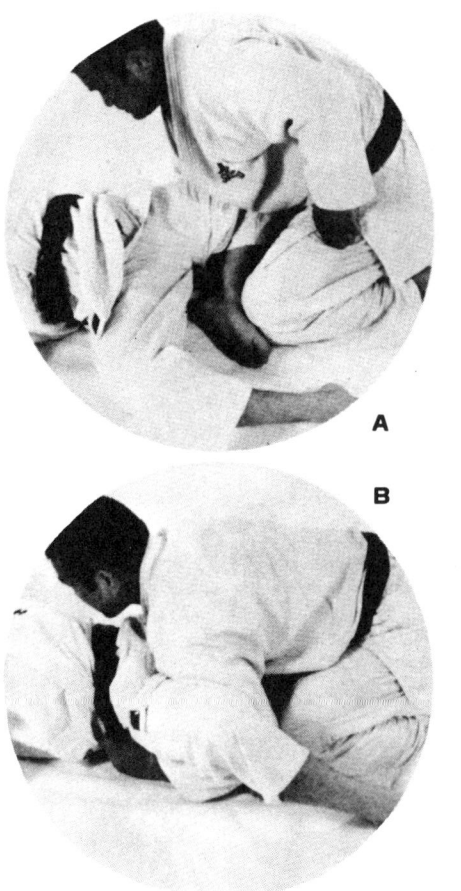

63

62페이지, 사진 5의
단계에서의 변화

상대가 양팔을 밀어버티고 막
아오는 경우.

일시적으로 걸어 굳히기로 들
어와서 상대의 양팔의 힘을 빗나
가게 한다.

상대의 힘이 빠지는 것과 함께
오른손으로 상대의 왼손을 누르
면서 몸을 바꿔 넣어 상반신에
붙어서 굳힌다.

63페이지 사진 8의
단계에서의 변화

16

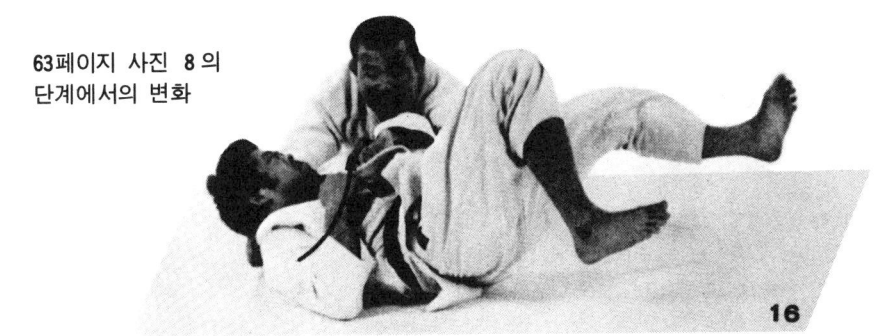

상대가 반동을 이용하여 화살표 방향으로 피할려고 하는 경우, 자신과 상대의 몸 사이에 그 오른팔을 넣게 한다.

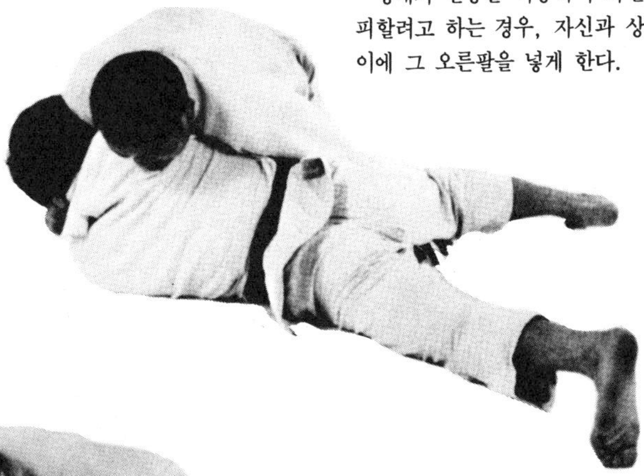

17

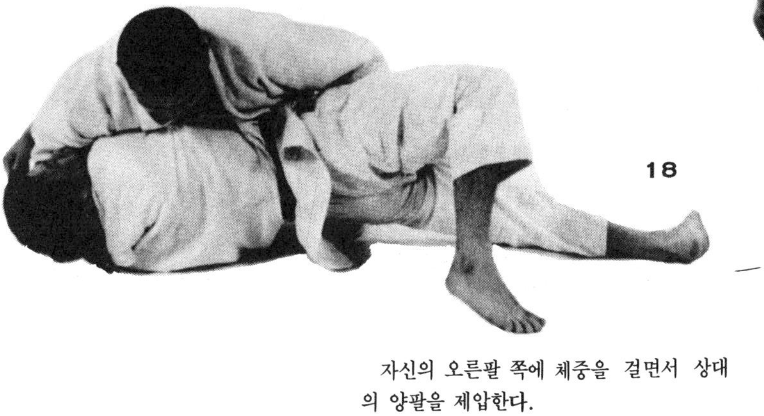

18

자신의 오른팔 쪽에 체중을 걸면서 상대의 양팔을 제압한다.

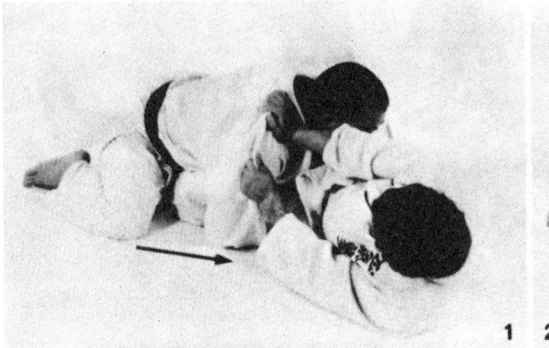 

62페이지의 방법으로 화살표의 방향으로 공격하려고 할 때, 상대의 오른발의 제어방법이 불충분하여 그것이 올라 올 경우가 있다.

자신의 목으로 상대의 왼팔을 봉쇄하면서.

사람은 각각 좌우 어느 쪽인가 강한 쪽의 공격을 사용하는 경향이 있으나 자신이 잘하는 공격에 관련시킨, 반대쪽에서의 공격방법도 알고 있어야 한다.

사진 4의 이면. 네 손가락으로 소매끝을 잡고, 팔꿈치를 등에 대고 체중을 건다. 왼손을 거는 60페이지, 62페이지, 그리고 65페이지의 방법의 응용이다.

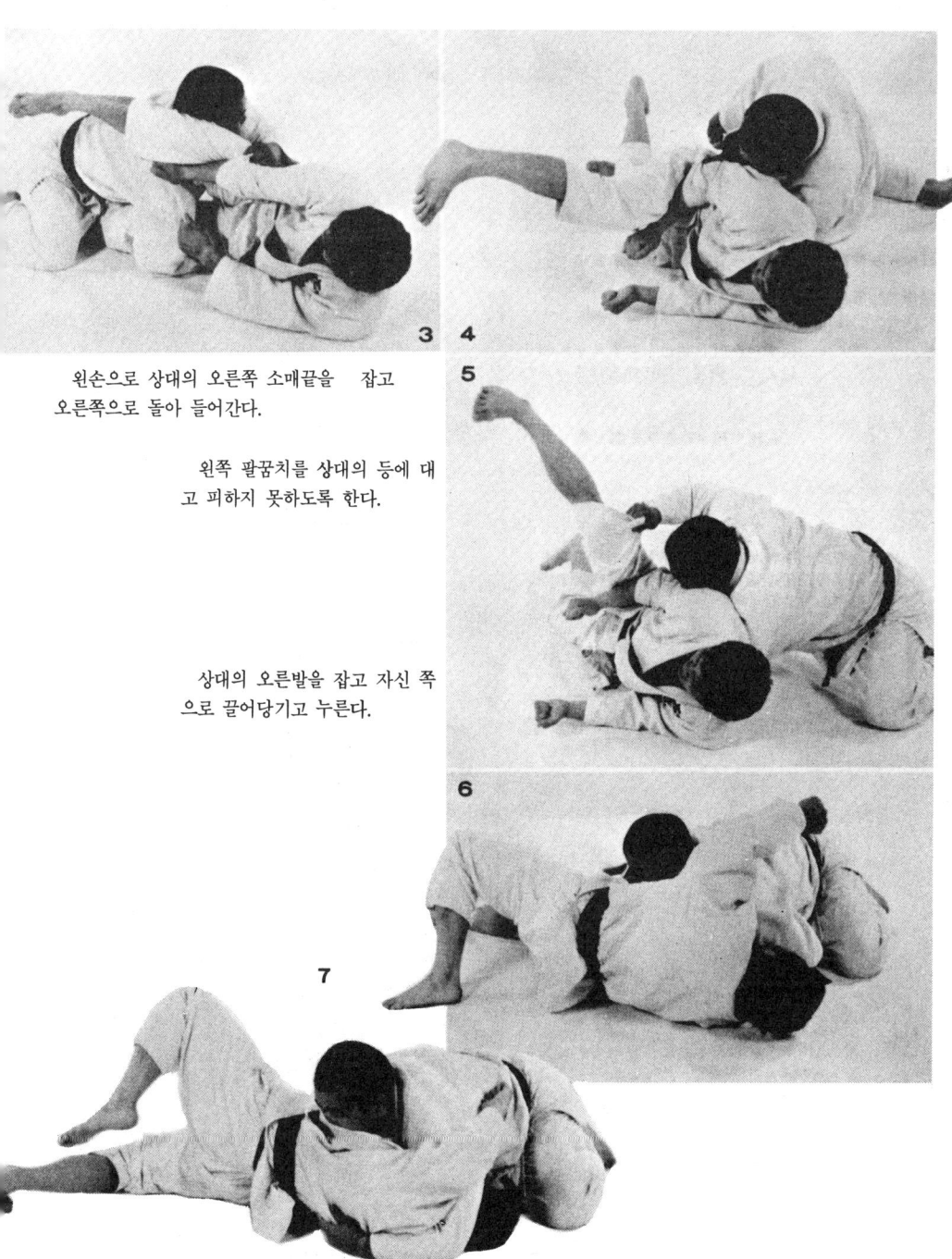

왼손으로 상대의 오른쪽 소매끝을 잡고 오른쪽으로 돌아 들어간다.

왼쪽 팔꿈치를 상대의 등에 대고 피하지 못하도록 한다.

상대의 오른발을 잡고 자신 쪽으로 끌어당기고 누른다.

1

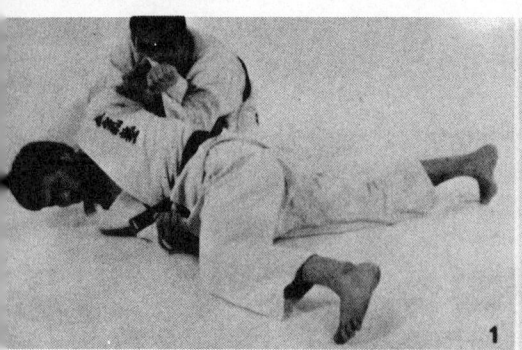

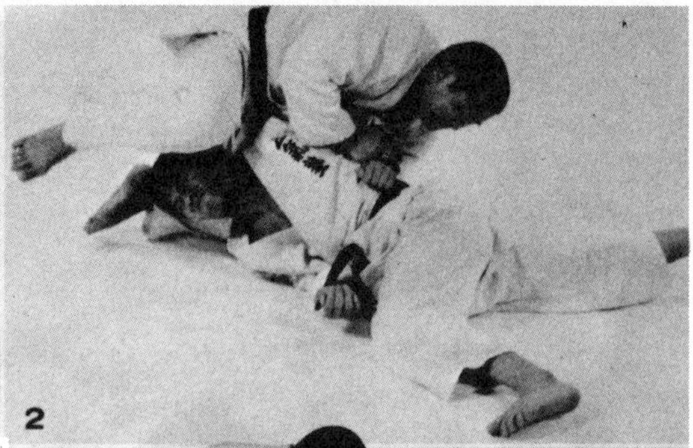

2

61페이지 사진 7, 그리고 63페이지 사진 7에서의 변화

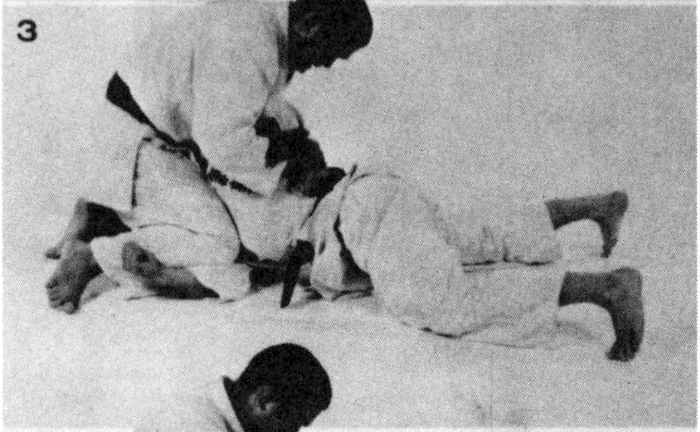

3

왼손을 상대의 왼팔 팔꿈치에 걸었을 때 상대가 엎드려 피하게 될 경우.

상대의 왼팔 팔꿈치를 제지시킨 그대로 왼쪽으로 돌아 들어가서 양발 사이에 머리를 끼어 넣는다.

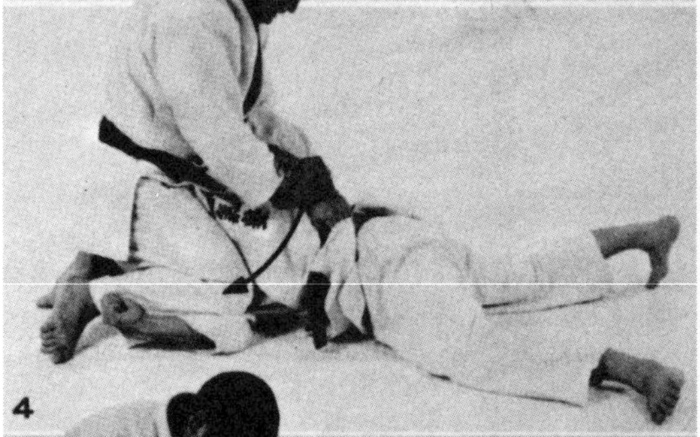

4

오른쪽 무릎으로 상대의 오른팔을 제압해도 좋다.

오른손으로 상대의 왼손 손목에 걸고 잡아, 상대의 왼손 새끼손가락을 윗쪽으로 하면서 화살표 방향으로 몇 번 강하게 당긴다.

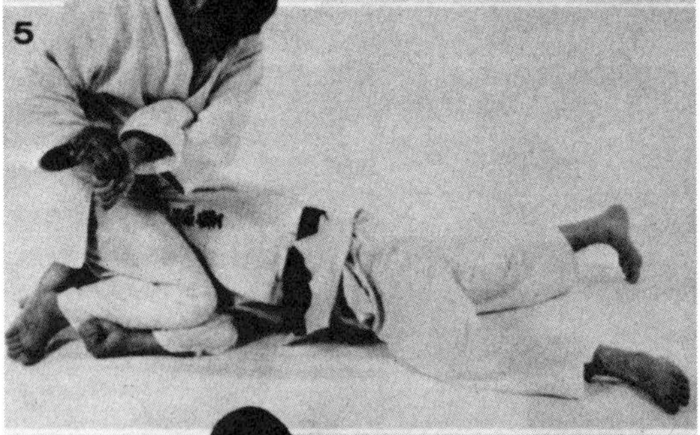

5

상대의 왼팔이 잡히면 반대방향으로 틀어,

팔 감아 올리기로 결정한다.

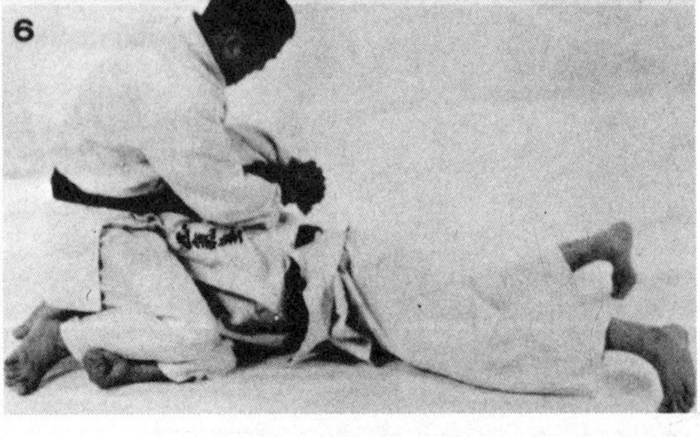

6

상대가 팔감아올리기를 방어하
려고 하고 있을 때,

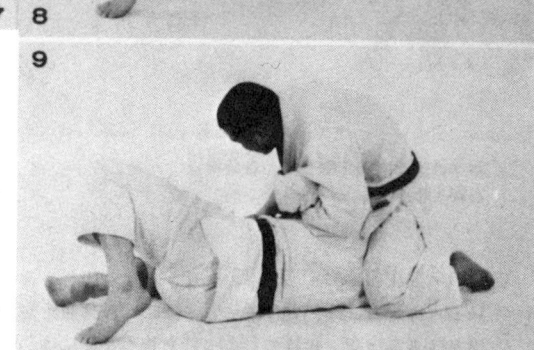

왼손으로 자신의 왼쪽 옷 깃을 잡는다.

오른쪽으로 돌아 들어가서 자신의 오른팔 팔꿈치로 왼팔을 굳힌다.

이 기술은 관절을 결정내는 것이 아니며 팔을 제압하여 뒤걸어 굳히기(변형)로 누르는 것이 주안(主眼)이다. 그대로 누르기가 선언된다.

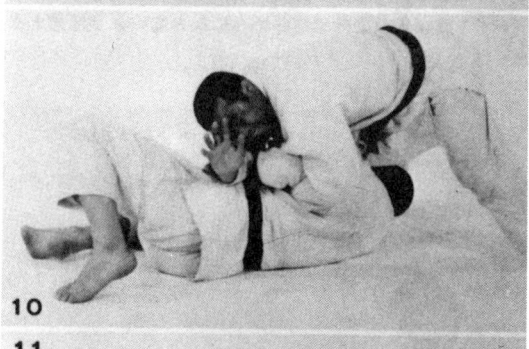

오른손 손바닥에 턱을 올려놓고 체중을 걸어도 좋다.

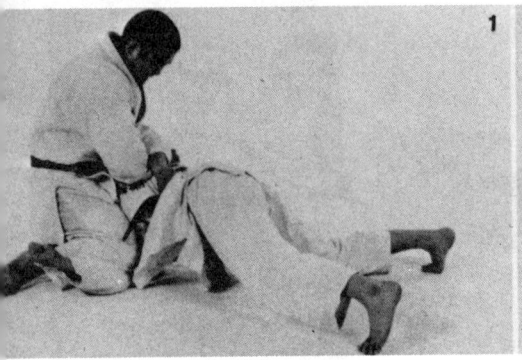

상대의 머리와 오른팔을 제압하고 자신의 오른팔을 상대의 왼쪽 겨드랑이에 넣는다.

상대가 옆으로 피하는 것을 막기 위해 왼손으로 상대의 왼쪽 옆띠를 잡는다.

상대의 몸이 옆으로 넘어진 상태일 때, 상대가 엎드려 피하지 못하게 하기 위해서는 팔을 제압하는 것과 함께 양무릎을 사용하여 머리에 끼고 들어간다. 양무릎으로 강하게 끼기 위해서는 사진 1과 7의 자세로 앞으로 굽히지 않도록 주의해야 한다.

상대의 왼쪽 겨드랑이 밑에 왼쪽 앞 팔을 밀착시킨다.

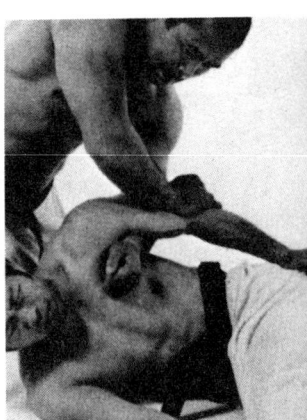

사진 A의 요령으로 오른손을 움직이면서 상대의 왼쪽 겨드랑 밑을 제압한다.

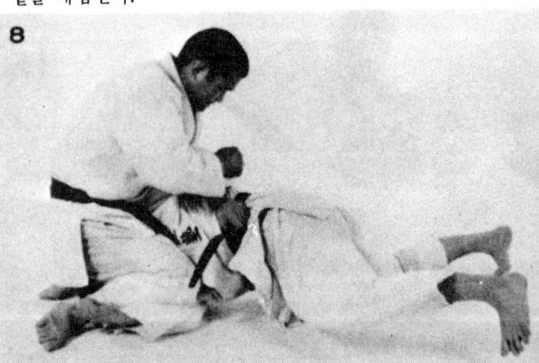

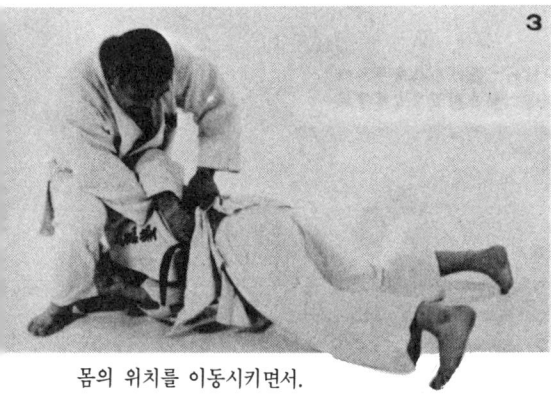

몸의 위치를 이동시키면서.

오른발 발꿈치를 상대의 턱에, 왼발 발끝을 왼쪽 어깨끝에 깊이 넣는다.

양무릎을 조르면서 허리를 내린다.

열십자 굳히기 자세를 취한다.

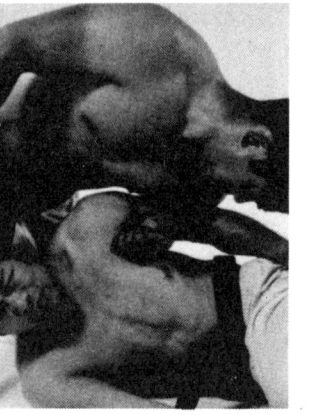

B

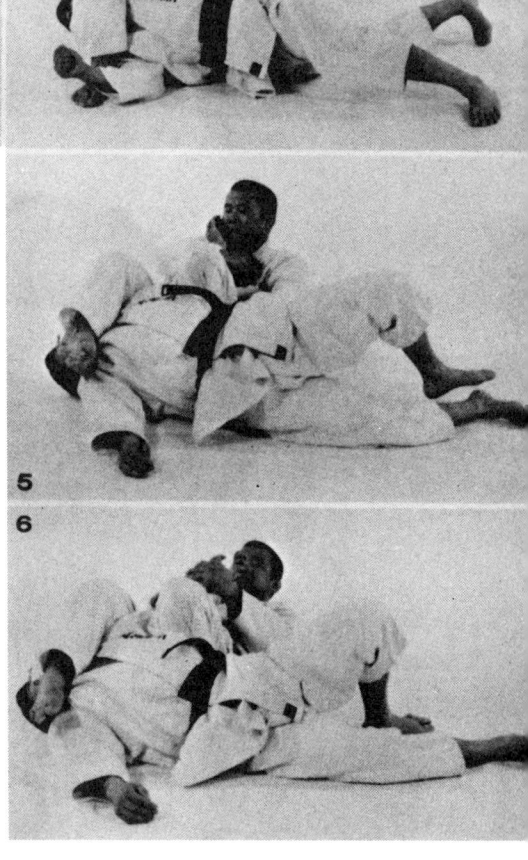

사진 B의 요령으로 어깨 가까이 팔 위의 부분으로 상대의 팔을 밀어붙이고 위사방굳히기로 누른다.

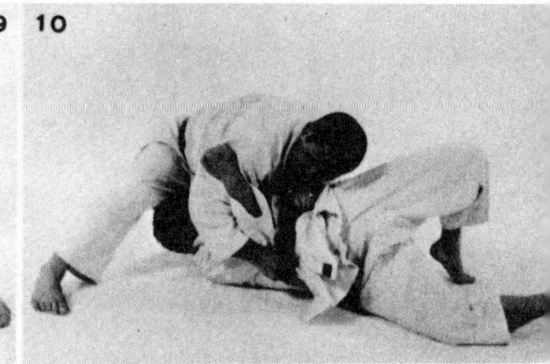

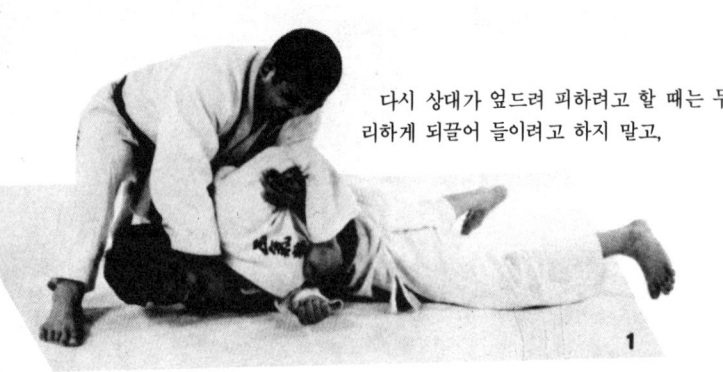

다시 상대가 엎드려 피하려고 할 때는 무리하게 되끌어 들이려고 하지 말고,

1

왼쪽 팔의 제압을 풀지 않고 반대쪽에 빨리 돌아 들어간다.

2

3

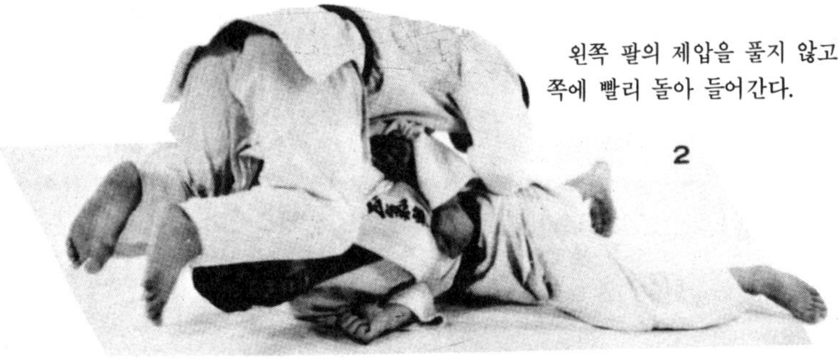

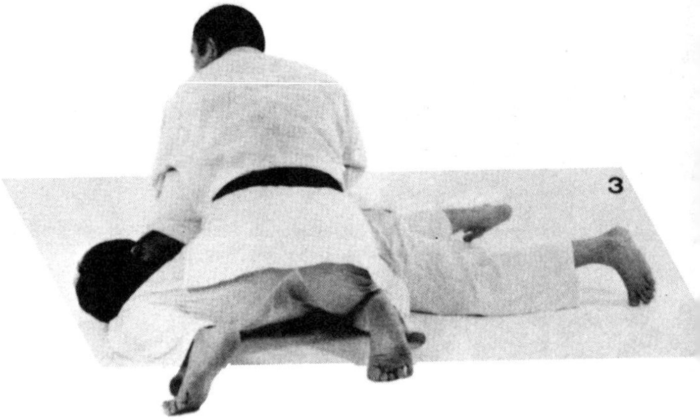

그대로 옆사방굳히기로 제압한다. 이 방향(상대의 몸 오른쪽)에서의 누르기가 잘 안되는 사람은 한 번 상대를 제압한 후에 반대쪽에 몸을 이동시키면 된다.

왼발을 화살표의 방향으로 조금씩 뻗어내면 상대의 턱은 서서히 올라가고 몸이 위를 보게 된다.

몸을 극히 낮은 자세를 유지하면서 왼쪽 무릎을 상대의 턱 밑에 넣는다.

사진 5의 이면

엎드려 있는 상대에 대한 공격

　엎드려 있는 상대를 어떻게 하여 공격하는가 하는 것이다. 공격하는 측에서 보면 이와같은 좋은 기회는 다시는 없는 데에도 불구하고, 공격하다 지쳐서 체념하고 마는 케이스가 이따금 있다. 실로 아깝다고 하는 느낌을 가지게 되는 것은 편자 뿐만 아니라 누워메치기를 좋아하고 수업한 사람들도 공통된 느낌을 가지게 될 것이다.

　왜냐하면 상대는 자신의 몸 밑에 있어서 극단적으로 그 동작이 제한되어 거기다 방어하는 자의 시선에 한계가 있기 때문에 공격하는 측의 동작을 빨리 보고 거기에 대응할 수가 없다. 특히 약점이 되는 것은 엎드린 자세에서는 자신의 발을 자유스럽게 사용할 수 없는 것이다.

　공격하는 사람은 방어하는 쪽의 그러한 약점을 확실히 알아두어야 하는 것이 필수 조건이 된다는 것은 말할 것도 없으나, 우선 먼저 하지 않으면 안되는 것은 상대를 방어하기 쉬운 자세로 이동시키지 않도록 엎드린 그대로 효과적인 방법으로 일시적으로 몸을 제압하는 일이다.

　주의할 것은 상대의 겨드랑이 밑에 손을 넣지 말 것. 준비 없이 넣으면 상대가 겨드랑이를 조르고 회전하여 뒤걸어 굳히기, 혹은 관절기술로 변화시켜 용이하게 공수(攻守)가 역전된다.

　공격 기술로서는 조르는 기술, 관절기술, 누르는 기술 등 풍부하지만 그 속에서 자신의 기술로서 상대의 방어 자세에 응해서 사용할 수 있는 몇 가지를 몸에 익히고 있어야 할 필요가 있다.

오른손으로 후두부, 왼손으로 뒤 띠를 잡고 눌러붙여 왼발을 내밀어 상대의 오른쪽 겨드랑 밑에 그 무릎을 댄다.

오른손으로 왼팔 팔꿈치 근처를 잡고 끌어올리면서 옆으로 넘어지게 한다.

오른손으로 상대의 오른쪽 소매를 잡고 당겨 붙는다.

양발을 끼고 양무릎을 합치는 기분으로 상대의 목과 오른팔을 제압하고 조른다.

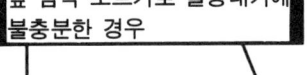

옆 삼각 조르기로 결정내기에 불충분한 경우

오른 손으로 상대의 오른쪽 옷깃을 잡고 양발 조르기를 이용하면서 새끼손가락 쪽에서 조른다.

화살표 방향으로 상대의 오른 팔을 틀어 관절을 결정낸다.

상대의 왼팔 팔꿈치 밑에서 오른손을 넣어 팔꿈치를 뜨게 하면서 관절에 결정낸다.

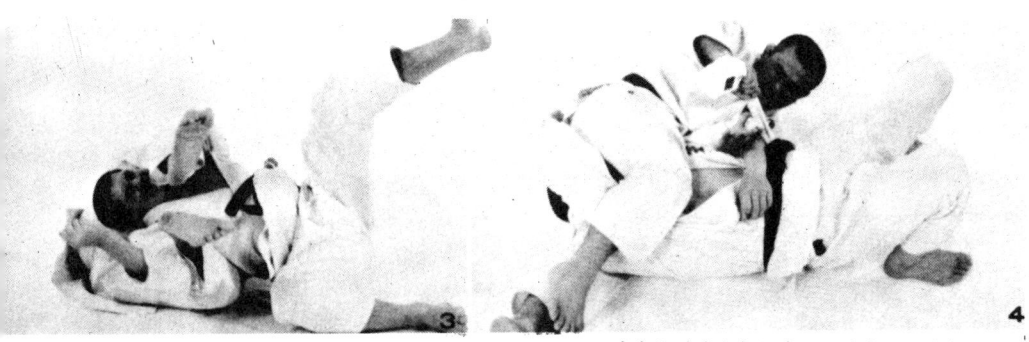

상대가 일어나지 못하도록 양발로 동작을 봉쇄하면서 우선 상대의 왼팔을 봉쇄한다(사진 A 와 B를 참조). 왼손은 자신의 왼쪽 옷깃을 잡고 제압해도 된다.

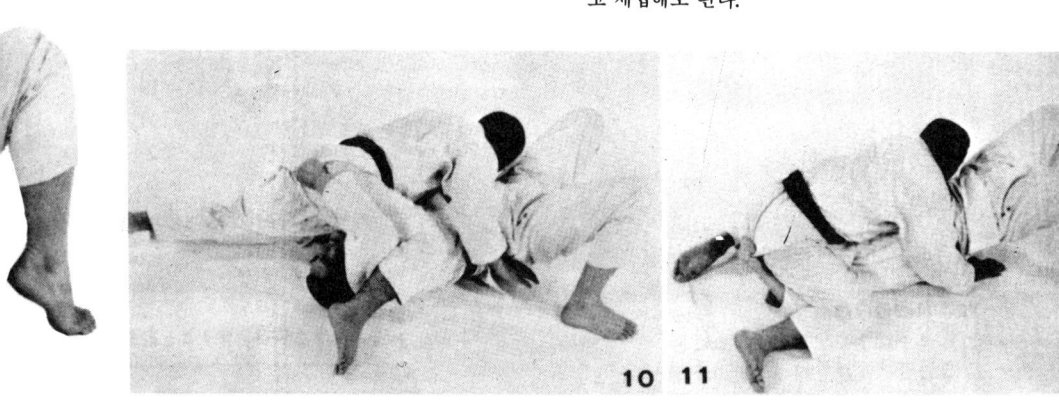

오른손으로 상대의 몸을 누르면서 왼발을 당겨내리고 그대로 넘어져 위사방굳히기로옮긴다.

AB C

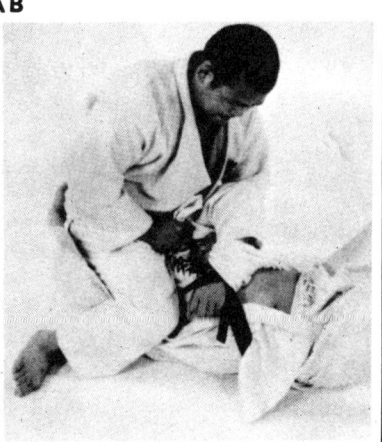
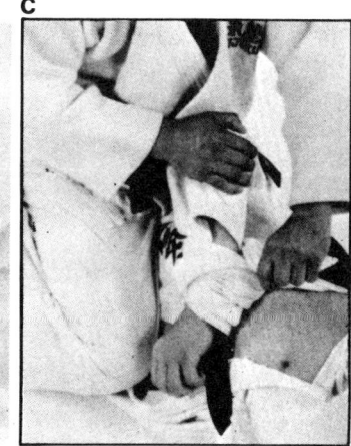

완력이 강한 자의 팔을 봉쇄할 때에 유효하다. 사진처럼 상대의 띠를 잡고 제압한다.

상대의 상의의 자락을 감아서 제압한다. 왼손은 역수(逆手)로 잡아도 된다.

상의의 옷자락, 혹은 띠로 상대의 팔을 한 바퀴 이상 감으면 반칙이 된다.

오른손으로 상대의 왼팔을 잡으면서 화살표 방향으로 돌아간다.

옆삼각 조르기의 요점(要點)

① 우선 상대의 왼팔을 제압할 것.
② 자신의 오른발을 상대의 머리의 베개로 할 것. 상대의 몸 밑으로 깊이 들어가면 조르기가 잘 되지 않는다.
③ 상대의 오른팔을 당겨붙여 얼굴을 자신쪽으로 보게 한다.
④ 조를 때 양무릎을 상하에서 합치는 것처럼 조른다. 항문을 조르면서 힘을 넣으면 좋다.

나쁜 예(例)
상대의 얼굴과 오른팔을 밀착하도록 조르지 말 것.

상대의 팔을 77페이지 사진 4의 요령으로 제압하여 공격한다.

오른손으로 상대의 오른팔을 당겨붙여 상대의 오른쪽 어깨가 턱 밑에 들어가게 하면 조르게 된다.

오른손은 엄지손가락을 바깥쪽으로 하고 상대의 오른쪽 옷깃을 깊이 잡아 상대의 몸을 순간적으로 앞으로 당기면 머리가 올라간다.

오른손은 상대의 오른쪽 옷깃에 따라 밑으로 내리고 목을 감는 데 여유있는 위치를 잡고 상대의 턱 밑으로 넣는다.

일시에 몸을 내던지면서 왼손으로 상대의 왼쪽 어깨 끝의 상의를 잡아 양손을 화살표의 방향으로 움직여 조른다.

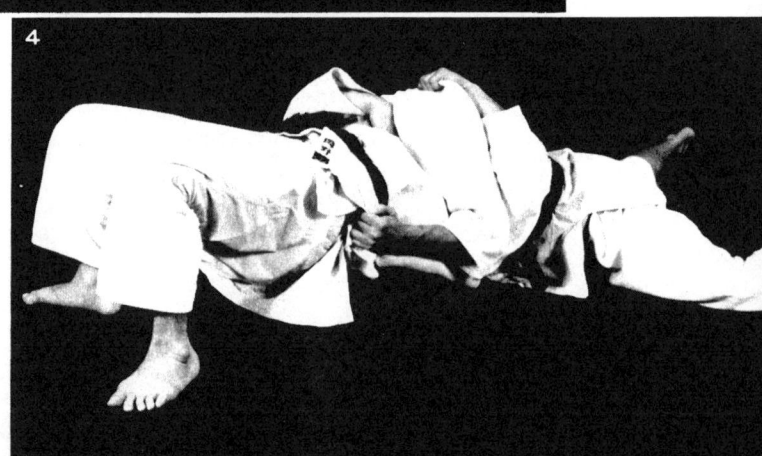

조른다.

몸을 틀어 자신이 위가 된다.

상대가 피하려고 하는 경우

 이 기술은 사진 1~3의 단계를 재빨리 하지 않으면 효력이 없다. 사진 4의 단계에서 조르기가 불충분한 경우는 그대로 누르기를 선언당하게 되므로 주의가 필요하다.
 상대의 몸의 밑에서 조르지 못한다고 판단하면 오른손의 조르기를 강하게 하면서 상대의 옆으로 돌리고 일어나서 위에서부터의 공격으로 전환시킨다.

1

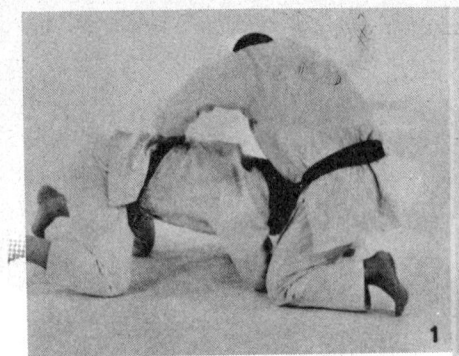

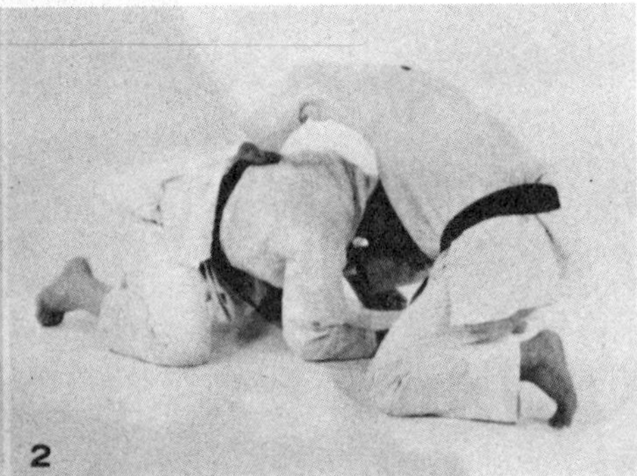

2

오른손은 엄지손가락을 밖으로 하여 깊이 옷깃을 잡는다.

3

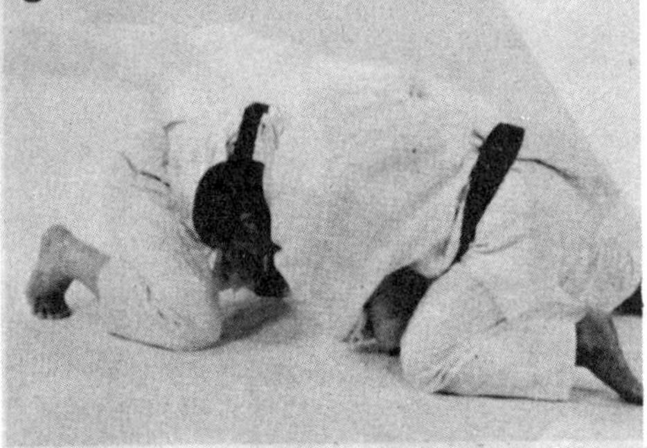

오른손을 상대의 오른쪽 옷깃을 따라 내려보내면서 목을 감기 위해 간다.

동시에 왼팔을 상대의 오른쪽 겨드랑이 밑에서 넣어 후경부(後頸部)에 밀어 넣으면서 회전해 간다.

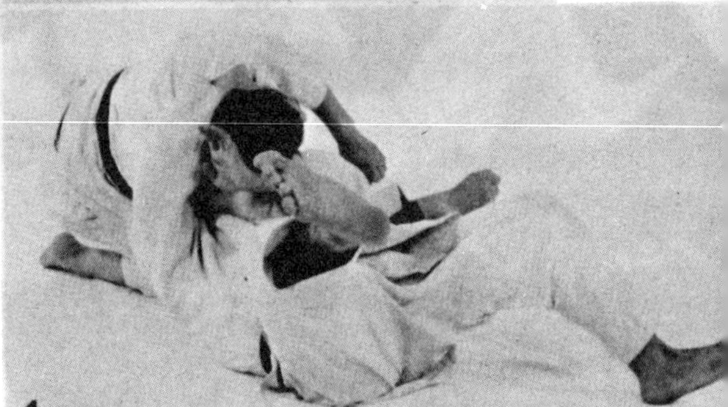

4

왼팔을 뻗칠 것.

5

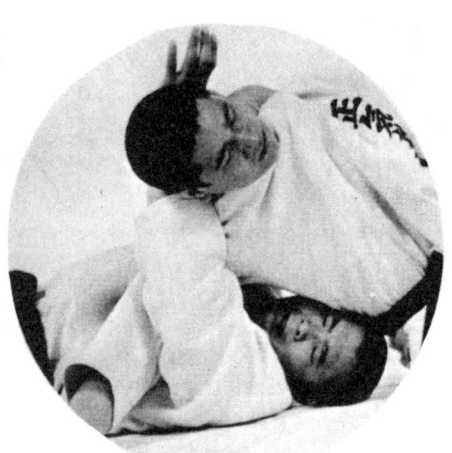

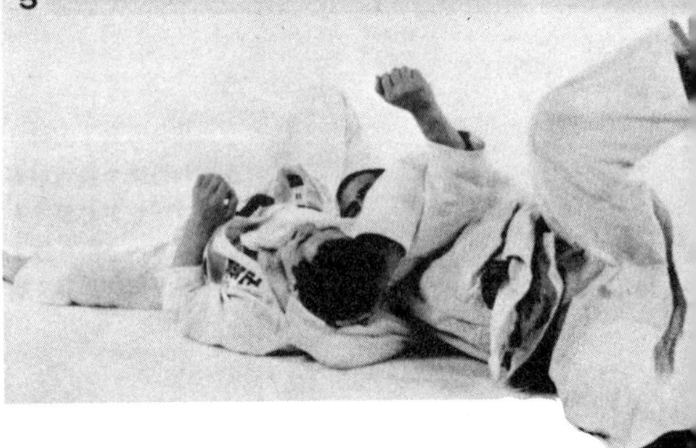

오른손은 상대의 왼쪽 겨드랑이
을 역수(逆手)로 하여 잡는다.

왼팔을 상대의 오른쪽 겨드
랑이 밑에서 넣어 후경부에
뻗어내면서.

넘어져 위사방 굳히기

자신의 왼팔 팔꿈치를 뻗어 손목을 써서 후경부를 제압
하여 상대가 왼쪽으로 몸을 틀어 피하는 것을 막으면서 조
른다.

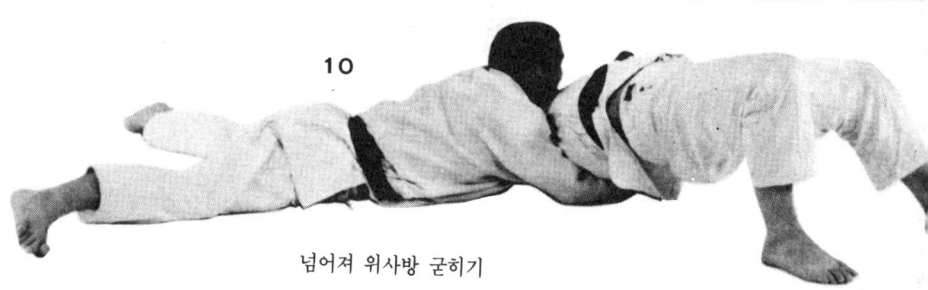

1
오른손 엄지손가락을 위로 하고 옷깃의 뒤를 잡고.

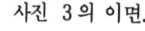
사진 3의 이면.

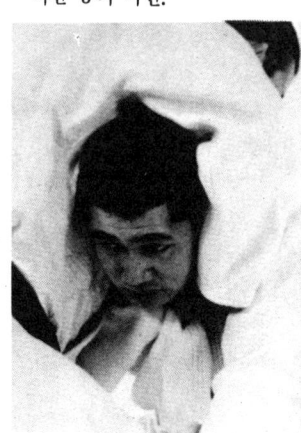

2
상대의 오른쪽 옷깃에 따라 내리면서 목을 감는다.

3
오른손을 비벼 올리는 것처럼 하고 상대의 왼쪽 뒷쪽에 하복부를 내면서 넘어 뜨리게 한다.

그대로 조르거나, 옆 사방 굳히기로 변화시킨다.

약간 왼쪽으로 돌아 들어가서 왼팔을 뻗어 상대의 허벅다리 사이에 넣어 그 오른발을 화살표의 방향으로 연다.

요점(要點) 상대를 뒤로 밀어 넘어뜨리게, 하면 버티며 막으므로 상대의 왼쪽 뒤에 넘어져 가는 것이 중요하다.

사진 3의 단계에서 왼쪽 무릎이 바닥에서 떨어져 일어선 자세가 되면 상대에게 몸을 틀게 하는 여유를 주게 되므로 원칙으로서는 한쪽 무릎을 짚은 상태로 제압해 간다.

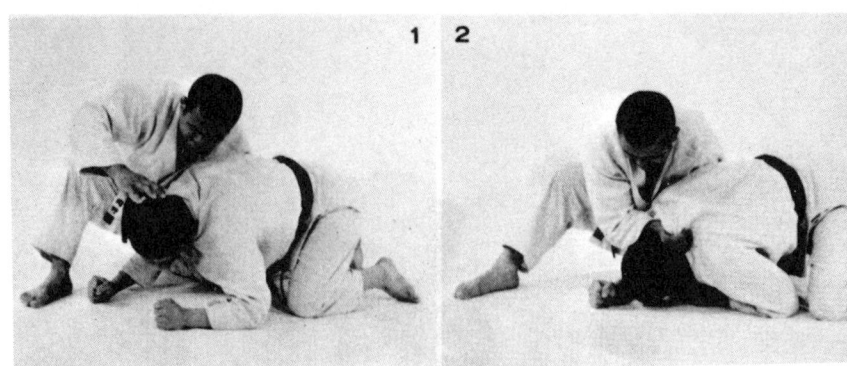

왼손으로 상대의 오른쪽 겨드
랑이 밑에서 넣어 네 손가락을
안으로 하고 왼쪽 옷깃을 잡는다.

오른손은 엄지손가락을 안으로
하고 될 수 있는대로 왼손에 가
까이 깊이 옷깃을 잡는다.

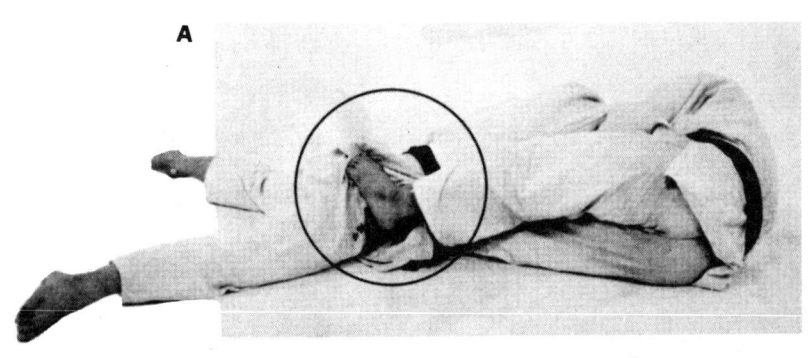

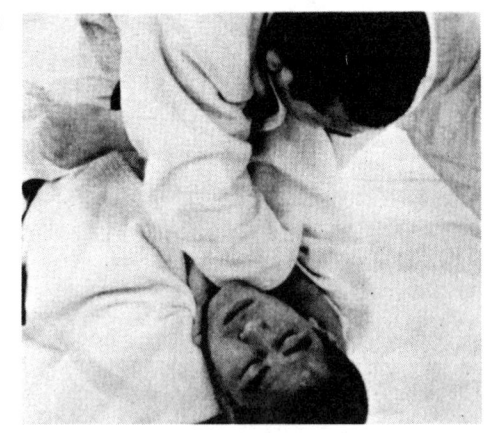

요점(要點) 이 조르는 방법은 한쪽 열십자
조르기라 하여 왼손은 엄지손가락 쪽으로, 오른
손은 새끼손가락 쪽으로 상대의 목을 상하에서
끼고 들어가 조르는 것이다. 특히 오른손 팔꿈
치를 충분히 내리고 강하게 조르는 것이 중요
하다.

오른팔 팔꿈치를 내리고 양손을 자신의 방향으로 끌어당기면서 졸라 붙인다.

양발로 상대의 오른쪽 허리를 차서 몸을 제압하여 상대가 돌아 피하는 것을 막으면서 결정을 낸다. (사진 A참조)

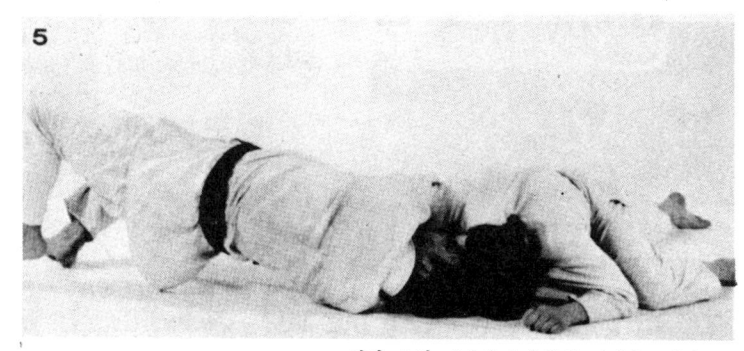

사진 4의 단계에서 충분히 결판을 내지 못할 때는 위를 보고 누워 결정을 내린다.

상대가 허리를 올리고 회전할 경우 자신이 일순 빨리 돌아 위에 올라간다.

오른팔 팔꿈치를 깊이 내리고 조른다. (사진 B참조)

1	2	3
상대가 팔꿈치를 열고 막을 때.	왼쪽 무릎으로 상대의 오른팔 팔꿈치를 화살표의 방향으로 밀어낸다.	오른발을 발꿈치로부터 넣어 상대의 오른팔에 걸게 한다.

 오른팔 팔꿈치를 조르고 그것을 좀 밑으로 넣어 방어하는 상대에 대해서는 오른쪽 비스듬히 앞으로 밀어내어 공격한다. (102-103페이지참조)
 상대가 끌려나가지 않도록 하여 오른손 팔꿈치를 열고 버티고 있을 경우에는 발로 그 관절을 잡는다. 이 두 가지 방법을 관련시켜서 사용하면 유효하다.

요점(要点)
 사진 5에서 상대를 앞으로 넘어뜨리고 힘을 못쓰는 상태로 만들어 몸을 제압하는 것이 포인트이다. 상대의 양 무릎이 바닥에 붙은 자세로서는 몸의 제압 방법이 불충분하여 모처럼 감은 오른팔이 되돌아가게 되어, 일어나 피하게 만든다. 왼손의 사용 방법은 사진 4와 6을 참조.

4 5

6

자신이 배를 대고 기는 자
세를 하면서 화살표의 방향으
로 상대의 몸을 끌어내어 으
깬다.

자신의 몸을 움직이고 몸이 젖히는
것을 이용하면서 하복부로 상대의 오
른팔 팔꿈치를 눌러붙여 관절을 잡는
다.

사진 6의 단계로 결판을
내지 못할 경우는 발을 바꾸
어 끼고

7

8

오른쪽 허리를 틀면서 관절을 결판낸
다.

1 2 3

오른발을 상대의 오른팔에 걸어 왼팔을 상대의 왼쪽 겨드랑이 밑에서 밀어넣으면서 앞으로 돈다.

4

상대의 왼팔을 끌어올리면서 뒤로 넘어져 공격해도 된다.

왼손으로 자신의 왼쪽 옷깃을 잡아 상대의 오른팔을 제압하고 남는 오른발을 왼발에 바꿔 건다.

5 6 7

상대가 화살표 방향으로 내려갈 경우에는 배를 내면서 왼발로 관절을 결정낸다.

오른발을 사용하여 조른다.

오른손으로 상대의 오른쪽 옷깃을 잡고

상대가 위에 올라올 경우에는 배를 내면서 오른발로 관절을 잡는다.

허리를 화살표의 방향으로 틀어 상대의 몸을 밑으로 내린다.

1　2

옆배(橫腹)로 상대를 밀어붙여 동작을 봉쇄한다.

　　오른쪽 무릎의 안쪽에 오른팔 팔꿈치를 대고 발의 힘도 사용하여 오른손을 넣는다. (사진 A 및 B 참조)

　　오른손으로 상대의 왼쪽 옷깃을 잡고 틈을 주지 않고 상대의 몸을 앞으로 끌어내어 엎드리게 한다.

3

　　옷깃을 잡는 방법은 사진 C 참조.

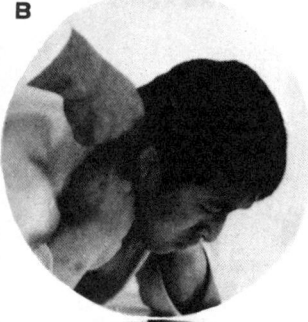

A

B

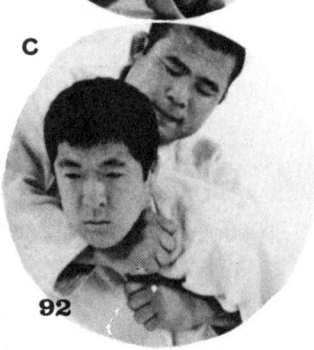

C

　　자신의 몸을 상대의 오른쪽 어깨보다 위에 위치하도록 내밀어 오른손은 당겨올리지 않고 체중을 걸고 힘을 못쓰게 한 다음 조른다.

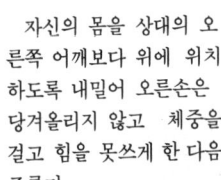 4
5

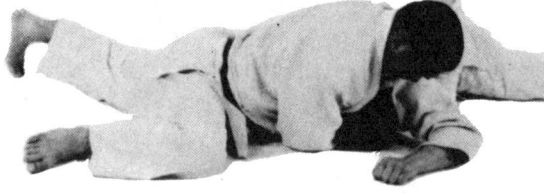

　　조르기가 충분하지 못할 때는 허리를 넣어 화살표 방향으로 돌고 들어가면서 결정을 낸다.

6

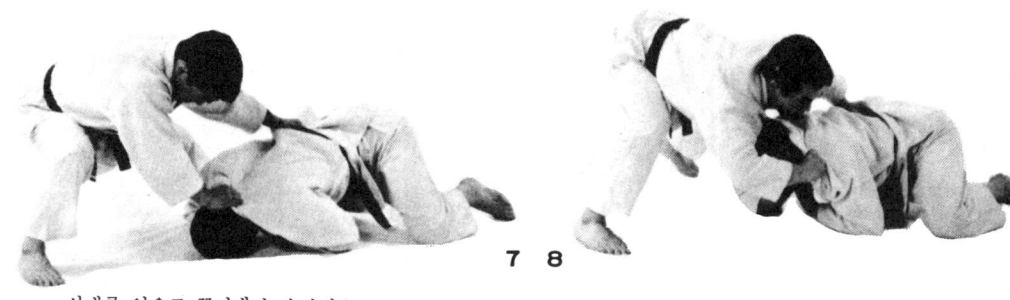

상대를 앞으로 끌어낸다. 순간적으로 머리가 올라가는 기회를 놓치지 않고 오른팔을 목에 감아붙인다.

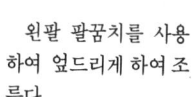

왼팔 팔꿈치를 사용하여 엎드리게 하여 조른다.

상대의 왼쪽 옷깃을 잡으려고 하면 상대도 열심히 방어하므로 간단하게 잡을 수가 없다. 이러한 경우에는 사진 A와 B의 경우처럼 엄지손가락과 인지손가락을 새의 부리처럼 하여 상대의 귀 뒤에서부터 턱의 선으로 따라서 비벼넣으면서 조금씩 깊이 넣어간다. 또 손을 밀어 넣어 갈 때는 팔꿈치로 오른쪽 무릎의 안측에 대고 무릎의 힘을 사용하여 밀어넣는 것도 효과적이다.

사진 5의 단계에서 조르기의 결정을 내릴 때는 자신과 상대의 몸 사이에 상대의 오른쪽 어깨가 들어가 있으면 그것이 장애가 되어 결정내기 나쁘다. 자신의 몸의 위치를 상대의 어깨보다 위로 가지고 가는 것이 중요하다.

오른손의 사용 방법은 절대로 끌어올리지 않도록 하고 상대의 오른쪽 어깨에서 후두부에 자신의 체중을 걸고 상대가 저항못할 상태에서 오른손의 손목의 움직임을 응용하여 조른다.

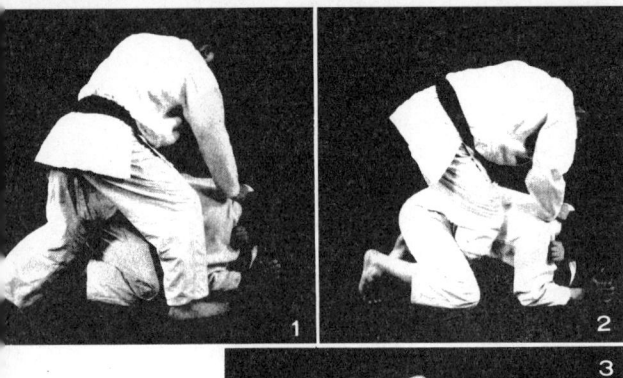

양손을 상대의 겨드랑이 밑에서 넣어 양쪽 옷깃을 잡는다.

자신의 허리가 상대의 허리보다 위에 가지 않도록 위치를 잡고 상대의 몸을 젖힌다. 양 옷깃을 잡았던 손을 놓아 상대의 양 팔꿈치를 몸쪽에 끌어내리고 체중을 걸어 자유를 빼앗는다.

화살표의 방향으로 양손을 움직인다.

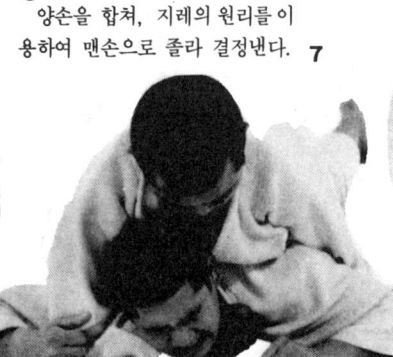

양손을 합쳐, 지레의 원리를 이용하여 맨손으로 졸라 결정낸다.

옷깃으로 조르기. 양손의 사용 방법은 사진 A 참조.

상대를 돌리고 등 뒤에 붙는다.

양발의 힘을 화살표 방향으로 움직이면서 상대의 몸의 움직임을 완전히 봉쇄한다.

상대가 엎드리고 방어자세를 취하고 있을 때 그 시각의 제1의 맹점은 뒷쪽이다.

뒷쪽에서 공격하는 옷깃으로 조르기, 한쪽 팔로 목조르기는 몇 가지 조르기 기술 가운데서도 제일 기본적인 것이며 효력있는 방법으로 크게 연구하지 않으면 안된다.

특히 체력이 우수하지 못한 자가 누워메치기를 할 경우에는 가장 적합한 방법이다.

요점(要点) 사진 4 에서 양발을 사용하여 상대의 하반신을 제압할 것.

옷깃으로 조르기(사진 참고 ①과 ② 참조)

참고①. 조르기의 기본원리를 실험한 것이다. 급격히 강하게 조르지 못한다고 해도 힘을 지속시켜 그대로 침착하게 기다리고 있으면 서서히 조르게 된다. 서둘지 말고 체념하지 말고 기다리는 것이 필요하다.

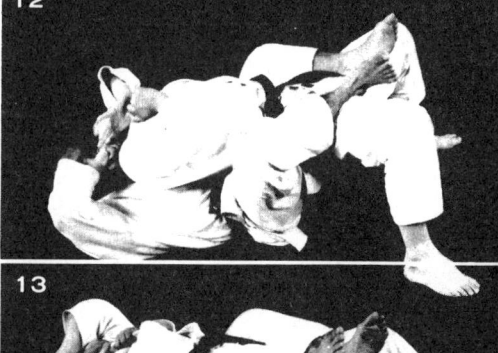

옷깃으로 조르기

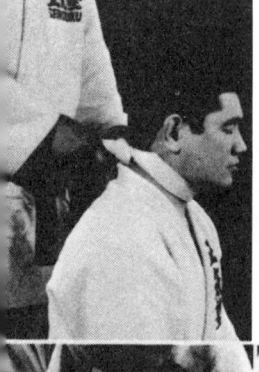

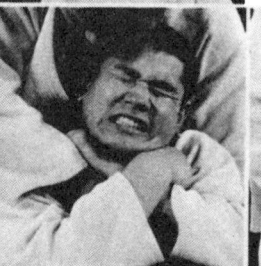 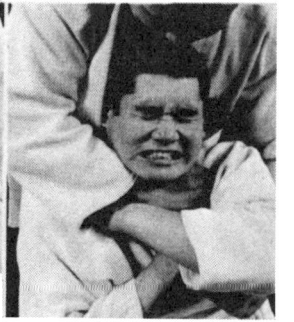

참고②. (옷깃으로 조르기) 상대가 왼손을 오른손의 밑으로 하고 오른쪽 옷깃을 깊이 잡고 방어할 때 상대의 왼쪽 옷깃을 오른손으로 잡지 못해도 상대의 왼팔의 밑, 왼쪽 옷깃을 잡고 조르면서 결정낸다.

참고③. 상대의 오른손이 왼손의 밑에 있을 경우는 오른손으로 상대의 왼쪽 옷깃을 깊이 잡고 조른다. (상대는 자신의 오른손을 왼손으로 죽인 상태가 된다.)

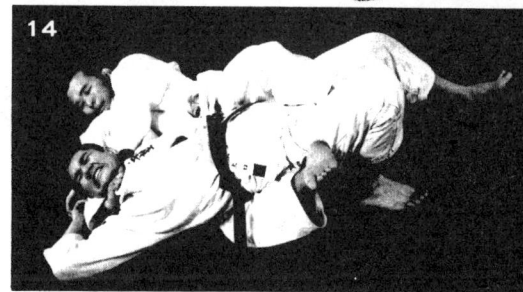

한팔로 목조르기

오른손으로 뒤 옷깃, 왼손으로 왼쪽 옆의 옷깃을 잡는다.

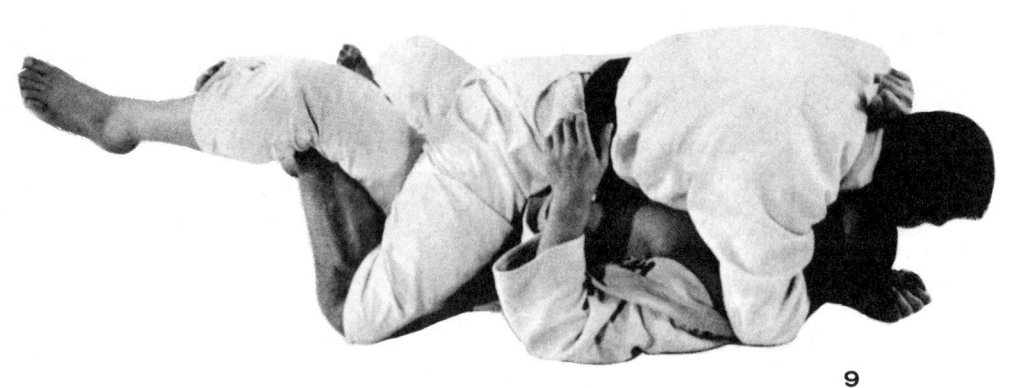

상대의 배후에 붙는다.

화살표 방향으로 상대의 몸을 내린다.

양발을 움직여 상대의 몸의 자유를 빼앗는다.

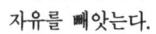

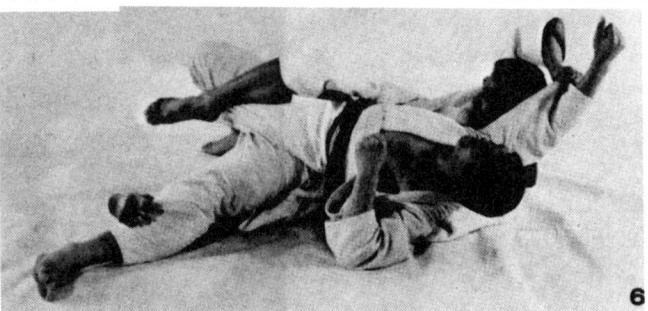

머리로 상대의 오른팔을 눌러 봉쇄한다.

내리사방굳히기

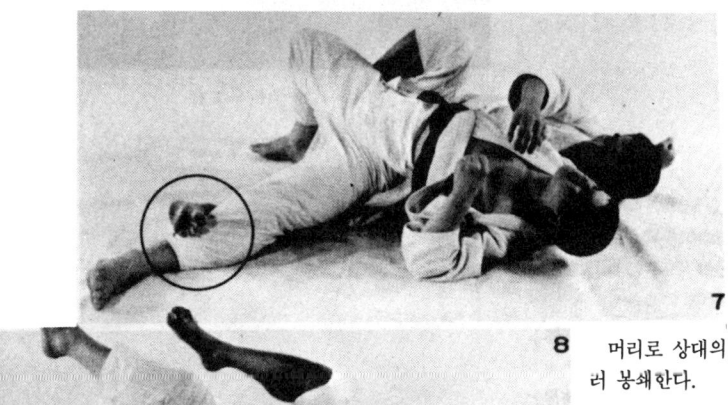

97

배후에서 조르기 공격을 할 때, 상대의 방어가 견고할 때.

상대의 몸을 밑으로 내린다.

오른팔을 상대의 오른팔의 위에서 돌리고 오른발의 오금에 댄다.

요점(要点) 사진 6에서 오른발을 화살표 방향으로 보낼 때, 너무 빨리 그 동작을 저지시키고 눌러 결정내리려고 하면 오른쪽 어깨가 강한 상대에게는 몸을 틀어 피하기 때문에 주의해야 한다.

처음부터 눌러 들어가기로 변화시키려고 하지 말고 상대의 배후에 붙어서 조르기 공격중 기회를 빼앗아 이 방법에 변화시키는 쪽이 효과가 크다.

자신의 왼쪽 안면으로 상대의 목을 봉쇄한다.

오른발을 화살표 방향으로 조금씩 보내면서 넘어져서 위사방굳히기로 누른다.

오른손은 상대의 오른쪽 겨드랑이 밑에서 넣어 그 오른쪽 옆의 옷깃을 잡는다.

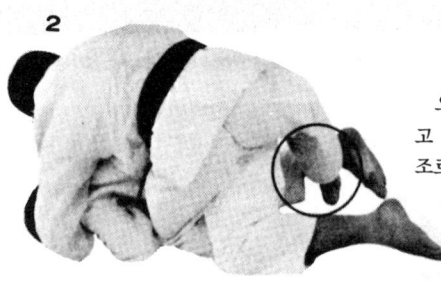

오른발을 상대의 오른발에 걸고 왼손은 상대의 왼팔의 위에서 조르기에 들어간다.

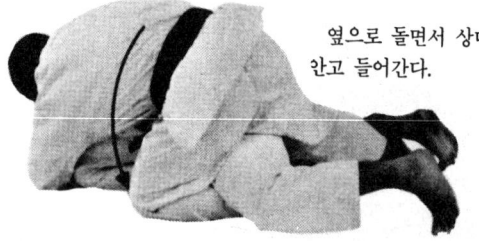

옆으로 돌면서 상대의 왼팔을 안고 들어간다.

이 기(技)는 종래 그다지 사용되지 않았다. 그러나 이 기(技)를 몸에 익히면 그 진도가 현저하다. 하나의 자신있는 기(技)를 가진다고 하는 것이 참으로 중요하다.

틈을 주지 않고 넘어져서 위사방 굳히기를 한다.

오른발의 사용 방법에 주의.

오른손의 사용 방법을 사진 A, B의 두 가지를 제시했으나 또 하나는 오른손으로 상대의 왼쪽 옷깃을 역수(逆手)(오른손의 손등이 상대의 몸에 붙도록)로 잡고 그 팔꿈치를 상대의 등에 대고 지레의 원리를 이용하여 돌리는 방법이 있다. 왼손의 사용 방법은 사진 A, B처럼 해도 된다.

상대가 오른팔의 팔꿈치를 조르고 방어할 때.

화살표 방향. 오른쪽으로 비스듬히 앞으로 끌어낸다.

소매끝을 효과적으로 잡는 방법.

A

B

틈을 주지 않고 오른쪽 무릎으로 체중을 걸어 상대의 오른쪽 어깨를 누른다.

위에서 잡으면 상대는 팔꿈치를 사용할 수가 있어서 버티기 쉽다.

오른손으로 소매끝, 왼손으로 무릎 근처를 잡는다.

젖히면서 크게 돌린다.

왼쪽 무릎으로 옆구리를 일시 누르고 상대의 동작에 대응하면서 눌러들어간다.

상대를 왼쪽 비스듬히 앞으로 끌어내어 무릎으로 누른다.

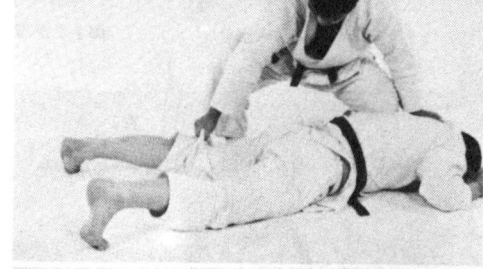

발을 잡고 들어올린다.

왼손은 상반신을 제압한 그대로.

상대의 허벅다리 사이에 발을 넣어 일단 상대의 허리에 붙은 자세가 되어 공격한다.

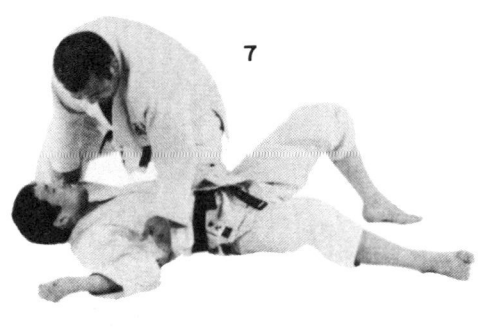

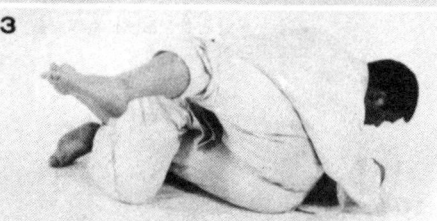

  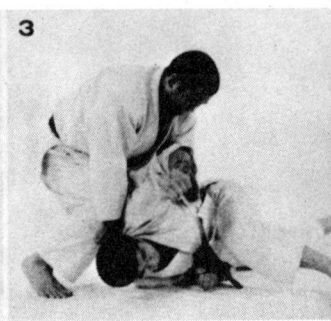

1. 오른쪽으로 비스듬히 앞으로 끌어낸다.
2. 상대가 왼쪽 어깨를 들어올릴 때.
3. 상대의 왼팔을 굽힌 그대로 왼손으로 그것을 잡고 끌어 붙인다.

상대를 왼쪽으로 비스듬히 앞으로 끌어내어, 왼쪽 무릎으로 제압한다.

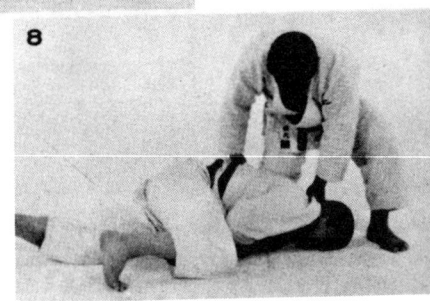

상대의 오른팔 팔꿈치를 끌어 올려 오른손을 사용하여 그 팔을 죽인다.

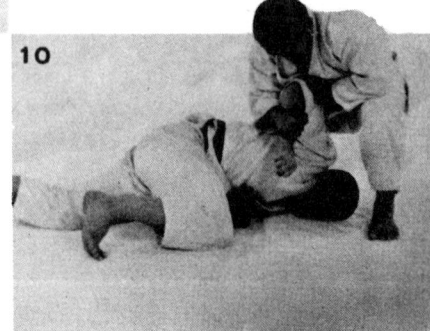

104

후퇴하면서

위사방 굳히기로 누른다.

사진 4 및 10 공히 상대의 팔을 굽혀, 그것을 누르고 제압하고 있는데 효과적인 방법이다. 사진 11에서 자신의 몸을 돌려 들어가게 하면서 오른손으로 상대의 띠를 잡은 자세로 그대로 눌러들어가도 좋으나 상대의 몸이 돌아가는 모양이 미숙할 때는 오른손을 상대의 왼쪽 옷깃에 바꾸어잡고 그것을 끌어붙이면서 돌리고 간다.

사진 12의 이면.

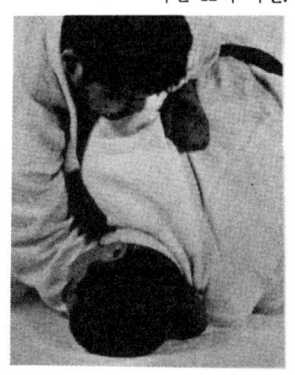

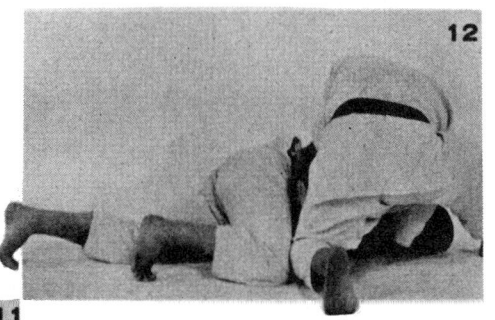

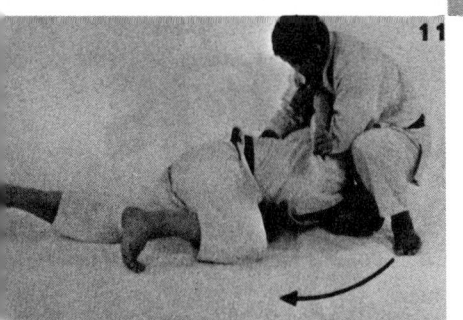

왼손을 상대방의 오른쪽 겨드랑이 아래에 집어넣고 자기의 오른쪽 팔꿈치로 누르면서 화살표 방향으로 몸을 이동시키고 옆 사방 굳히기로 누른다.

  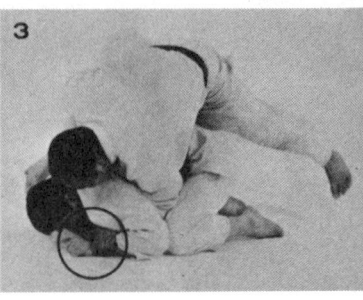

오른손으로 상대의 우경부 (右頸部)를 공격하면 상대는 그쪽에 마음을 빼앗긴다.

상대의 왼팔을 잡고.

돌아들어간다.

사진 12의 단계에서 상대의 오른팔의 관절을 잡을 때는 자신의 오른팔 만으로 틀려고 하지 않고 몸을 바꿔 넣는 동작의 반동을 이용하면 효과적이다.

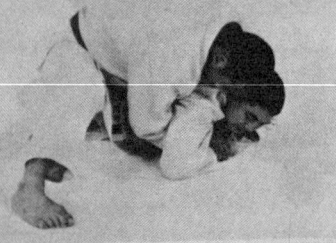

목을 공격하려고 할 때 상대가 오른팔 팔꿈치를 내고 방어한다.

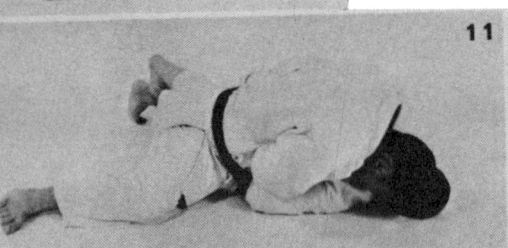

오른팔을 상대의 오른쪽 겨드랑이 밑에서 넣어 그 오른팔을 잡는다.

상대의 몸을 앞에서 제압하고 엎드리게 한다.

허리를 틀어서 관절을 결정낸다.

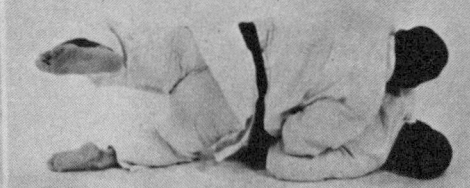

106

4

그대로 허리를 트는 힘을 이용하여 관절을 결정낸다.

5 상대가 자신의 띠를 잡고 방어할 때(사진 A 참조).

오른손으로 상대의 허벅다리 사이를 잡아 들어올리면서 회전시켜 누른다(사진 B 참조).

A

B

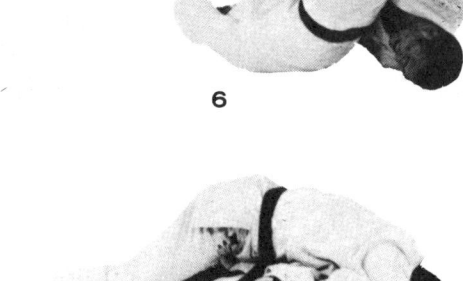

6

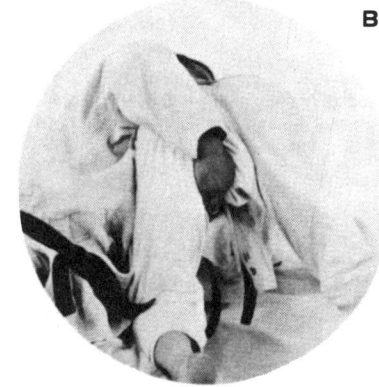

7

8

14

상대가 왼쪽 겨드랑이를 조르면서.	화살표 방향으로 감아 들어 간다.	순간적으로 재빨리 자신이 넘어간다.

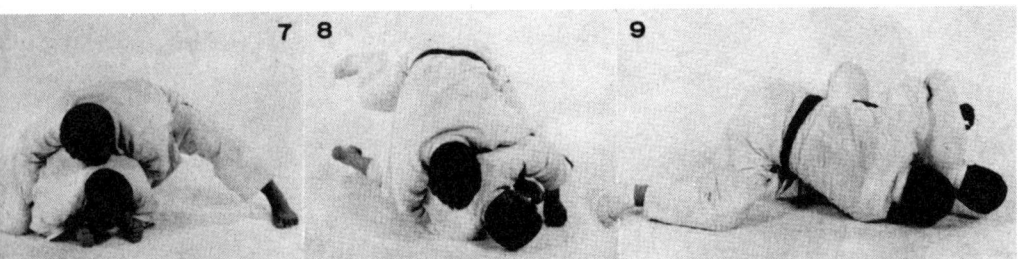

오른손으로 상대의 오른쪽 옷깃을 깊이 잡았을 경우에 상대가 겨드랑이를 졸라붙이면서,	감아 들어 올 때 순간적으로 빨리 상대의 몸을 넘는다.	자신이 엎드려 바닥에 떨어진 경우
상체가 위를 보고 넘어졌을 경우.	상체를 화살표 방향으로 넘어뜨릴 경우.	상대의 왼팔을 머리로 누른다.

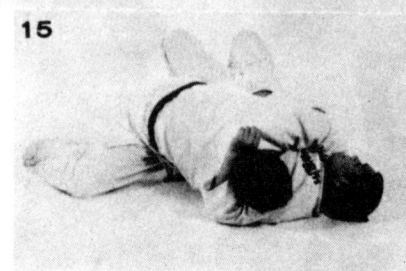

몸을 일으킨다

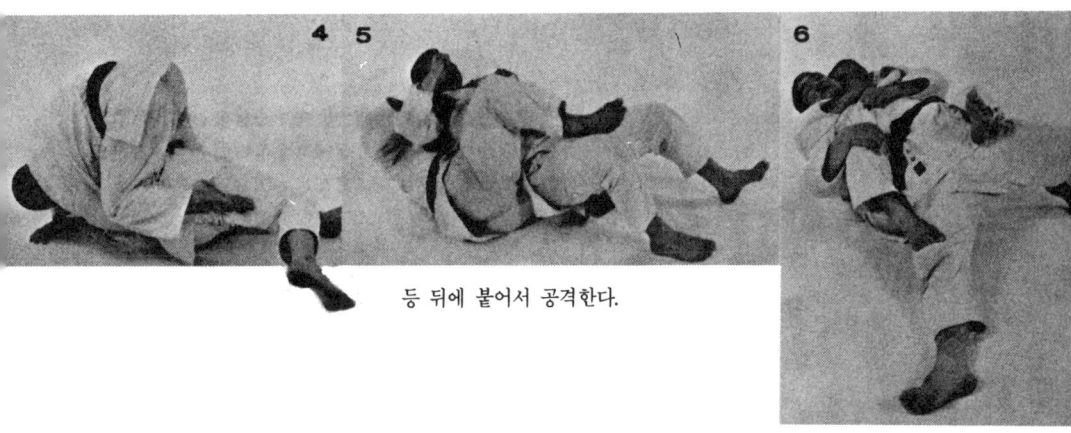

등 뒤에 붙어서 공격한다.

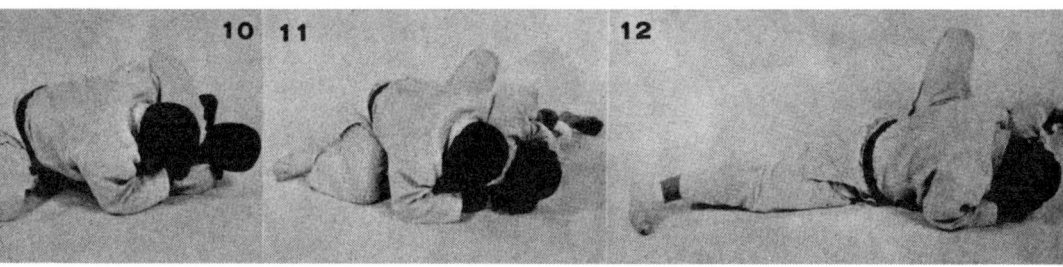

오른손으로 옷깃의 뒤를 끌어내려 굳히기
로 제압한다.

    요점(要点) 1. 상대의 옆에 붙어서 공격할 때에 (사진 1·2), 자신의 왼손을 상대의 왼쪽 겨드랑이 밑에 넣으면, 상대는 그것을 굳히고 감아 들어 온다. 그대로 상대에 붙어서 가면 뒤걸어굳히기로 제압당하기 때문에 감겨 들어간다고 느끼면 순간적으로 빨리 상대의 몸을 넘어 틈을 주지 않고 공세로 전환시킨다.
    요점(要点) 2. 사진 13에서 상대가 화살표 방향으로 올라오면 그대로 뒤걸어굳히기로 당하게 되므로 상대의 오른쪽 옷깃을 잡는 오른손을 충분히 끌어붙이고 일어날 수 없게 하면서 왼손을 사용하여 머리로 상대의 왼팔을 제압할 것.

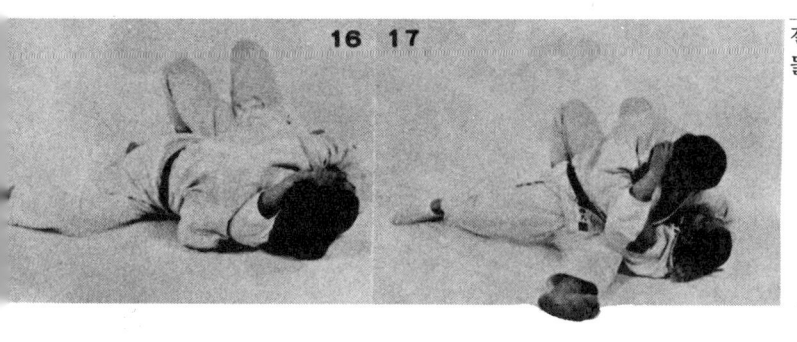

걸어 굳히기로 눌러
들어간다.

요점(要点) 사진 4의 상태에서 상대의 뒤 띠를 잡은 오른손의 끌어붙이기와 오른 무릎을 잡은 왼손의 끌어붙이기를 충분히 이용하면 상대는 오른쪽이든 왼쪽이든 엎드려서는 피할 수 없다.

1

2

오른손 팔꿈치로 상대의 상체를 죽이고, 오른쪽 무릎을 상대의 허벅다리 사이에 넣으면서 몸을 돌린다.

3

왼손을 화살표 방향으로 강하게 당기고 상대가 엎드리고 피하는 것을 막는다.

내리 사방, 혹은 팔 굳히기로 결정 낸다.

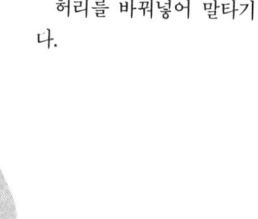

허리를 바꿔넣어 말타기 자세가 된다.

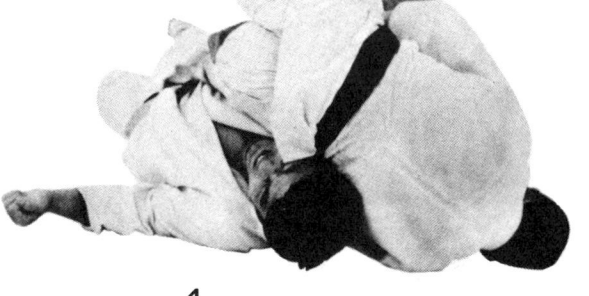

상대의 오른쪽 무릎을 잡은 왼손을 놓고 상대의 오른쪽 겨드랑이 밑에서 넣어 상대의 오른팔을 위로 뻗는다.

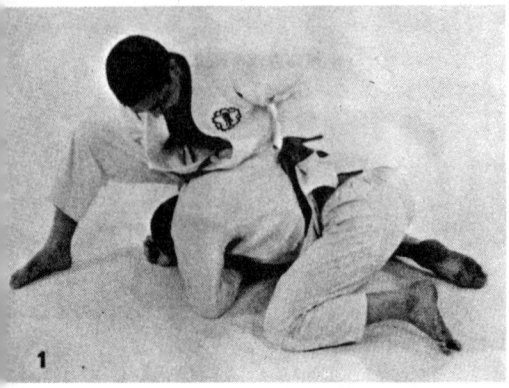

상대의 팔꿈치가 밖으로 열려 있을 때,

왼손으로 상대의 왼팔 팔꿈치를 화살표 방향으로 끌어낸다.

오른손을 왼쪽 어깨 끝에서 넣는다.

팔 굳히기로 잡는다.

상대의 양 무릎이 앞으로 나오지 않도록 발을 사용하여 그것을 제지한다.

상대의 몸을 충분히 끌어붙이고 상체의 동작을 봉쇄한다.

요점(要点) 사진 5의 단계에서는 상대의 머리는 사진처럼 죽어 있어 왼팔을 되당길려고 해도 생각하는대로 힘이 들어가지 않는다. 머리를 제압하는 일이 상반신을 제압하는 것이 된다.
다시 왼팔을 끌어올리면서 상대의 몸을 왼쪽으로 틀어 넘기고 내리사방 굳히기로 결정 내어도 된다.

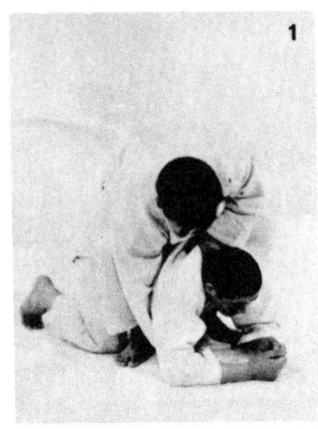

상대의 오른쪽 소매끝을 겨드 랑이 밑에서 잡는다.

끌어올리면서 상대의 왼쪽 어 깨를 다리 사이에 끼고 앉는다.

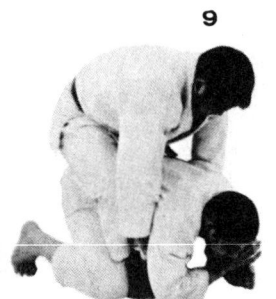

왼손을 상대의 왼쪽 겨드랑이 에 넣는다.

일부러 넘어질 듯이 앞으로 체 중을 건다.

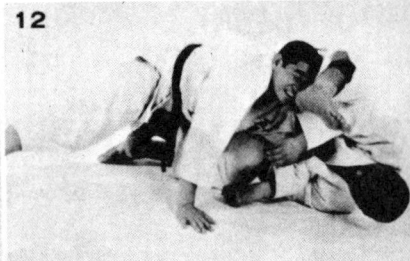

상대가 일어나려고 하면.

틈을 주지 않고 팔 열십자 굳 히기로 공격한다.

요점(要点) 사진 12의 상태일 때, 상대는 오른손을 사 용하여 잡은 머리를 안고 들어가면서 왼쪽으로 돌아 들어 올 것이다. 그래서 양발을 이용하여 상대의 그 동작을 막 지 않으면 안된다.

상대의 몸을 충분히 끌어 붙이
면서 화살표 방향으로 자신의 몸
을 떨어뜨린다.

요점(要点) 사진 2에서는 오른손으로 상대
의 오른쪽 옷깃을 잡고 끌어올려도 좋다. 사진
3~5에서는 양무릎을 졸라 붙이면서 몸을 떨
어뜨려 갈 것.

팔 열십자 굳히기.

  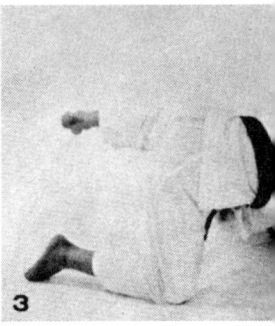

상대의 오른팔 팔꿈치를 끌어낸다. 오른손의
조작은 사진 A 참조.

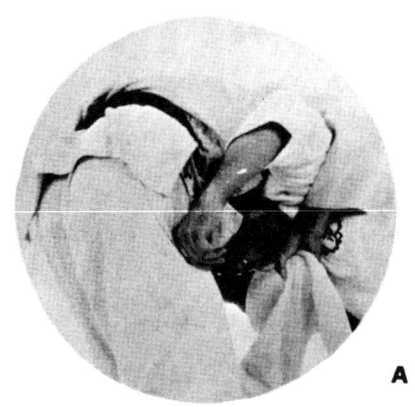

여기서 내리사방 굳히기로 변화시켜도 된다.

화살표 방향으로 상대의 몸을 돌린다.

몸의 위치를 바꿀 때 상대가 오른쪽으로 회전하여 일어나지 않도록 주의해야 한다.

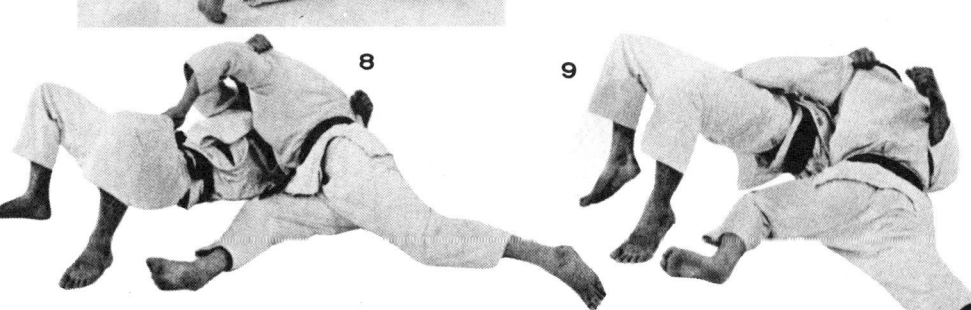

옆 사방 굳히기로 결정낸다. 오른손의 사용 방법은 그대로 하고 허리를 바꿔 넣어 걸어 굳히기로 눌러도 된다.

요점(要点) 사진 2에서 상대를 일시에 뒤로 끌어 넘길 때, 특히 왼손의 눌러붙이기를 충분히 이용할 것.
사진 3에서 왼팔이 상대의 왼쪽 겨드랑이 밑에 들어가면 좋지만, 그 전에 상대에게 허리를 올리면 상대는 어깨의 힘을 이용하여 엎드려 피하게 된다.

1. 상대가 발가락 끝을 뻗고 허리를 떨어뜨리고 방어를 굳히고 있을 때.
2. 양손을 화살표 방향으로 움직이면서 상대를 뒤로 끌어 넘긴다.
3. 왼손을 겨드랑이 밑에 넣는다.

위 사방 굳히기로 결정낸다.

오른손의 조작은 사진 A 참조.

오른손으로 상대방의 왼쪽 옷깃을
잡는다(사진 A참조).

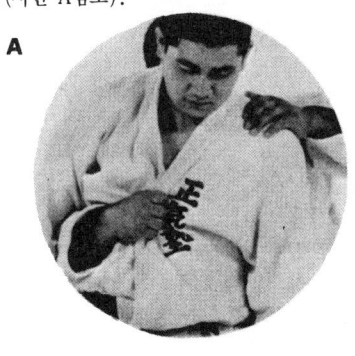

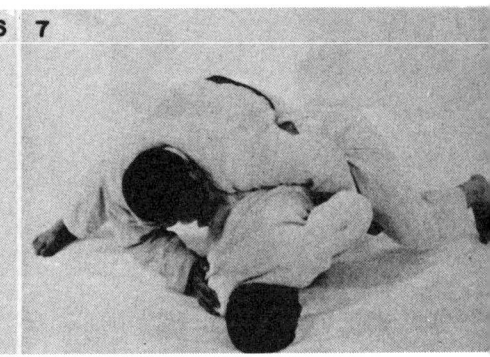

왼손을 상대의 허벅다리 사이에 넣어 하의를 잡는다.   오른손으로 오른쪽 어깨를 눌러붙인다.

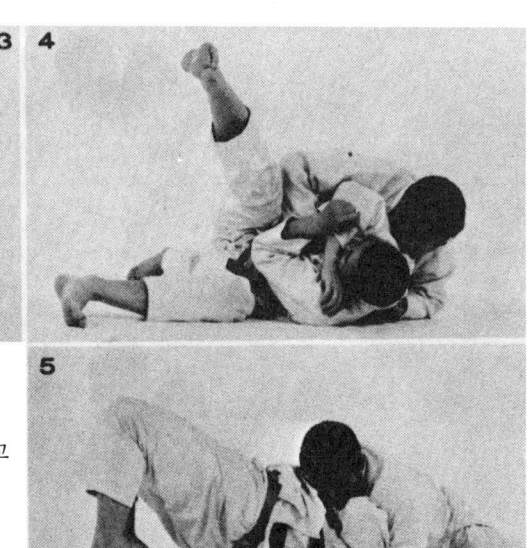

자신의 몸을 왼쪽으로 열고, 왼손으로 상대의 왼쪽 어깨를 누르면서 화살표 방향으로 튼다. 상대의 몸을 넘기고 굳힌다.

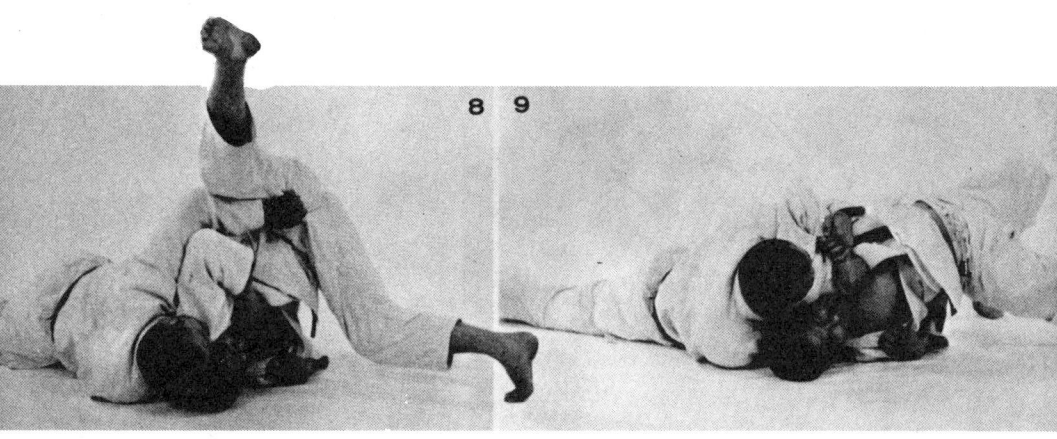

상대의 몸을 돌린다.　　　　왼손으로 상대의 왼팔을 빨리 바꾸어 잡는다.

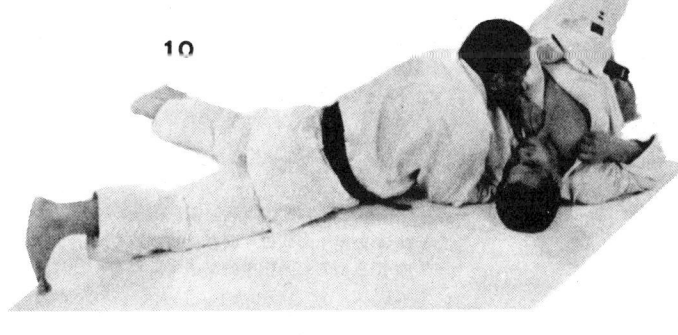

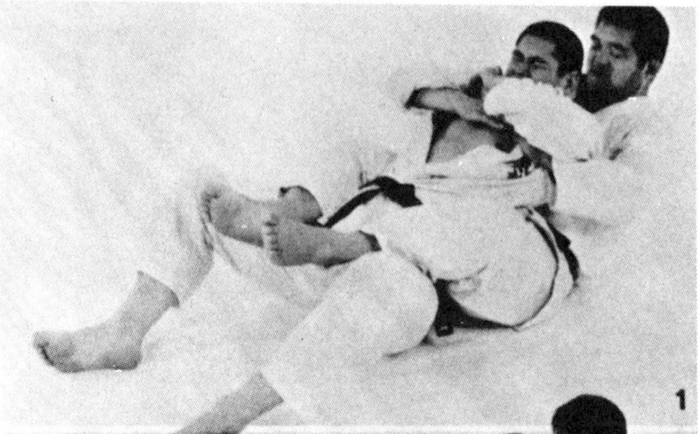

옷깃 조르기 등으로 공격하
지만 방어가 견고할 때,

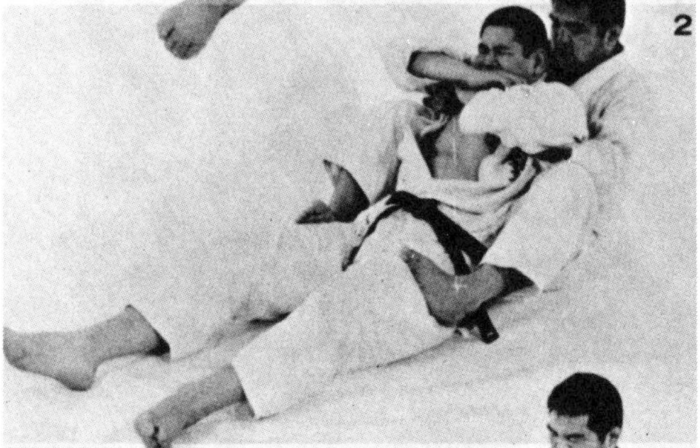

상대의 몸을 밀어내린다.

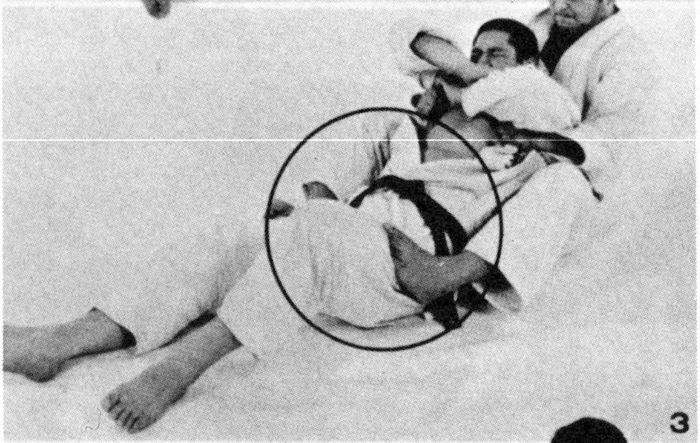

오른손으로 상대의 오른쪽
소매끝을 잡는다. 혹은 그 오
른팔 팔꿈치를 당겨올려도 된
다.

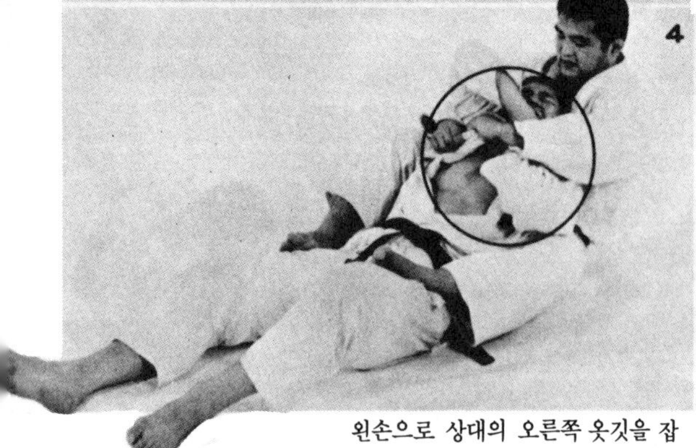

왼손으로 상대의 오른쪽 옷깃을 잡
고 조르기 기술로 방어하고 있는 상
대의 왼손을 죽인다.

조르기 기술로 결정을 내지 못할 때는 오른팔을 관절을 잡는다.

뒤 삼각 조르기

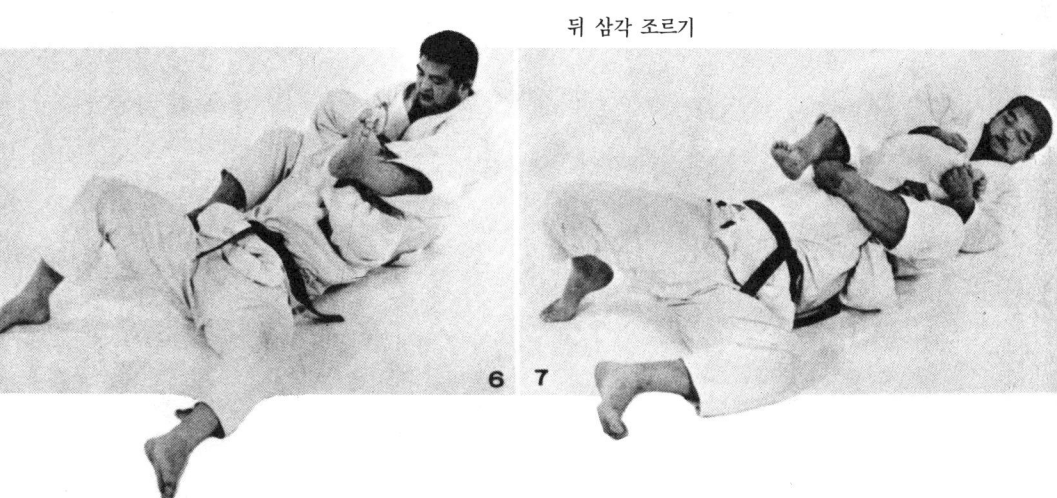

요점(要点) 어디까지나 상대의 배후에 붙어서 공격하는 조르기 기술과 관련시켜서 이용하는 것이다. 사진 4에서는 자신의 오른손으로 상대의 오른팔 위에서 왼쪽 옷깃을 잡고 오른팔을 죽이고 왼팔을 끌어올려 이 방법을 사용해도 된다. 그때는 발의 사용법도 역(逆)이 된다.

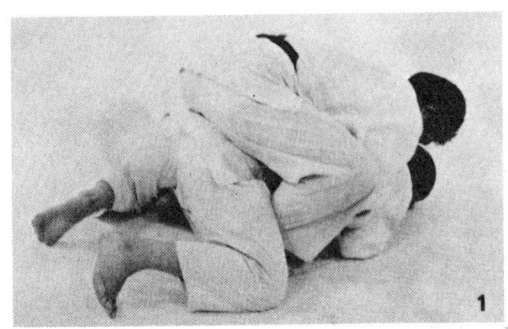

상대의 왼발을 굴리면서 배를
내어 으깬다.

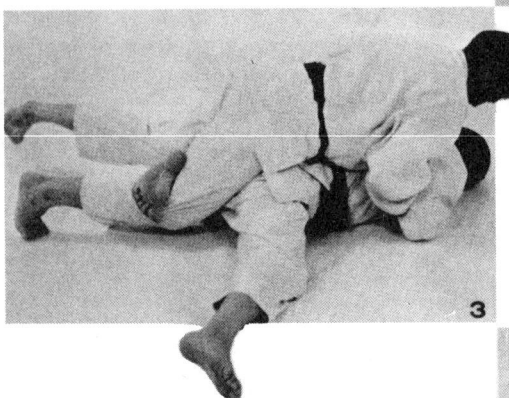

화살표 방향으로 돌아 상대의
몸을 돌린다.

상대의 왼팔을 제시시키면서 기회를 보아 오른발을 내리고 위가 된다.

요점(要点) 사진 3에서 상대를 견고하게 제압할 것. 사진 6의 단계에서 당황하여 위로 올라가려고 하면 엎드려 피하기 때문에 왼손으로 자신의 왼쪽 옷깃을 잡거나 하여 왼팔을 제지시켜 상대의 피하는 방법을 잘 보는 것이 중요하다. 특히 상대가 자기 몸의 방향으로 일어나려고 할 때가 굳히기에 들어가는 가장 좋은 기회이다.

125

바로 누운 자세에서의 공격

상대의 공격에 대하여 위를 보고 바로 누운 자세에서 응할 때, 중요한 것은 자신의 양발을 상대의 공격 방향으로 향하게 하여 양손을 사용하여 상대의 몸의 동작을 봉쇄하는 일이다.

그것을 위해서는 자신의 동작이 유리한 방향, 좌우 어느 쪽엔가에 몸을 뒹굴게 하고 옆을 향하여 양발을 상대의 양쪽 허리에 대어 오른쪽을 대비한다. 오른손으로 상대의 옷깃을 될 수 있는대로 깊이 잡고 왼손으로 오른쪽 소매를 잡고 충분히 그것을 끌어붙이고 상대의 동작을 제지시키지 않으면 안된다(사진 A·B 참조). 거의 반격은 이 자세를 기초로하여 실시되어 있으므로 절대로 몸에 붙이지 않으면 안되는 기본 방어형이라고 할 수 있다.

최근의 경향으로서는 상대에게 허리를 제압당했을 경우 반쯤 체념하여 곧 발을 감거나 한쪽 손으로 상대의 뒤 띠를 잡으러 가는 것을 흔히 볼 수가 있는데 이것은 자신의 겨드랑이를 여는 것이 되어 오히려 상대에게 당하기 쉽다(사진C ·D 참조).

허리를 제압당하면 자신의 양 겨드랑이를 견고하게 닫고 팔꿈치나 양 손을 사용하여 상대의 몸을 밀어내리고 반격해 가는 노력이 중요하다.

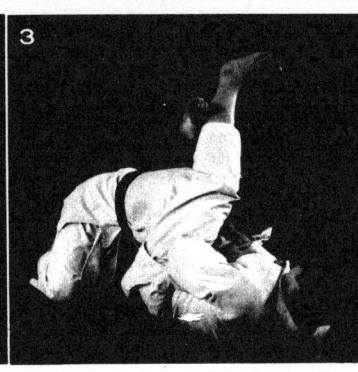

상대가 왼팔을 오른발의 밑에서 넣어 그것을 들어 올리려고 할 때.

왼발로 상대의 오른발을 차고 몸을 뻗어 오른팔을 충분히 끌어붙인다.

틈을 주지 않고 자신의 양발을 낀다.

바로 누운 자세에서

틈을 주지 않고 열십자 굳히기로 결정을 낸다.

상대의 오른쪽 어깨가 너무 깊이 들어가거나 오른팔의 끌어 붙이기가 불충분하여 결정을 내는데 상황이 나쁠 때.

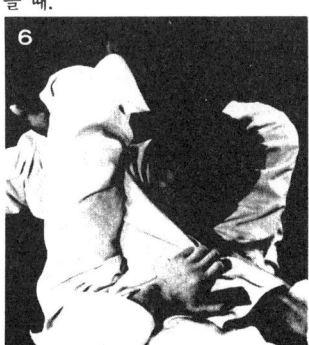

상대의 오른팔을 화살표 방향으로 끌어붙여, 양발 발목을 직각으로 세우는 듯이 하여 조른다.

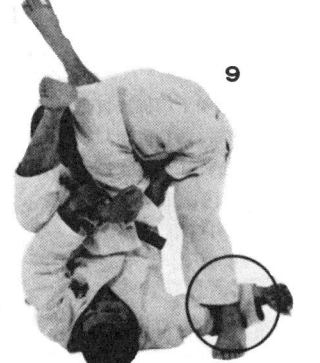

왼손으로 자신의 오른발 정강이를 위로 끌어붙이면서 조른다.

상대가 몸을 끌어올리려고 할 때는 오른팔로 상대의 오른발을 봉쇄하여 그것을 막으면서 상대의 오른팔을 잡고 넘어 뜨린다. 상대가 중간 허리의 상태일 때는 오른손을 그대로의 형으로 상대의 오른손을 잡고 양손으로 오른팔을 제압하여 넘어뜨려도 좋다

삼각 조르기가 불충분할 때, 혹은 상대가 오른쪽 어깨를 빼고 피하려고 할 경우에는 화살표 방향으로 상대의 오른팔을 뻗어서 관절기(技)에 들어간다.

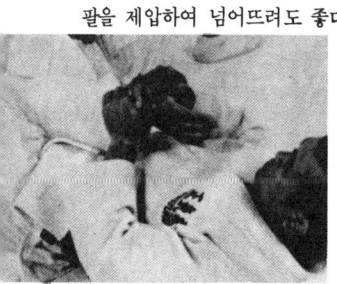
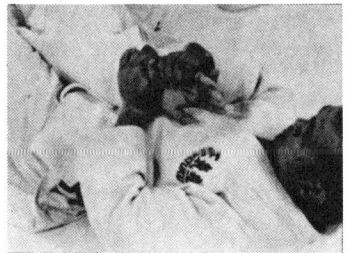

팔 기술의 열십자 굳히기의 좋은 예. 상대의 엄지손가락을 위로 하고 잡는다.

나쁜 예. 엄지손가락을 밑으로 하면 결정을 내지 못한다.

오른발을 상대의 하복부에 댄다.

오른손으로 상대의 왼발을 고정시킨다.

상대의 허벅다리 사이에 접근하고 오른쪽 무릎을 상대의 왼쪽 오금에 댄다.

요점(要点) 상대가 허리를 올리고 오면 그 하복부에 자신의 양발을 대고 보통의 메치기로 뒤로 혹은 옆으로 넘어뜨리고 반격해 가면 좋지만(사진 A 참조) 메치기를 경계하여 허리를 내리고 그것을 막는 상대에 대해서는 사진 3,처럼 자신이 먼저 상대의 허벅다리 사이에 나가 붙어가면 용이하게 상대의 몸을 무너뜨리게 할 수 있다.

A

왼손을 끌어내리면서 상대의 몸을 오른발로 차서 던진다.

걸어 굳히기로 결정낸다.

상대가 일어나려고 할 때 허벅다리 사이에 접근하면서 상대의 왼발의 밖에서 하복부에 걸고 오른발을 넣는다.

오른손으로 상대의 왼쪽 발꿈치를 잡아도 된다.

상대의 오른발을 화살표 방향으로 차서 넘어뜨린다.

방어의 기본형에서   오른손으로 상대의 뒤 띠를 잡고

오른발을 상대의 허벅다리 사이에 뒤에서 넣는다(사진 A 참조).

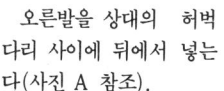

A

오른손을 끌어붙이면서 오른발을 사용하여 화살표 방향으로 던진다.

자신도 함께 회전하면서 굳히는 기술로 공격한다.

틈을 주지 않고 굳히는 기술로 공격한다.

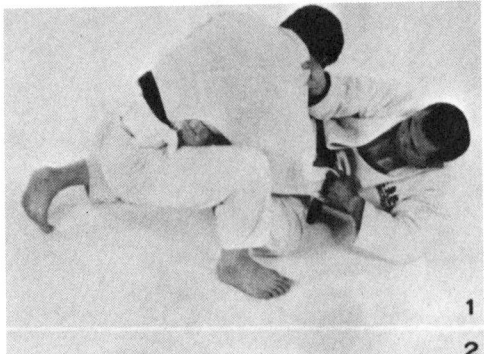

방어의 기본형

상대가 왼손으로 오른발을 들어올리고 왔을 때

상대의 오른팔을 끌어붙이고 오른발을 그 팔너머로 허벅다리 사이로 넣는다.

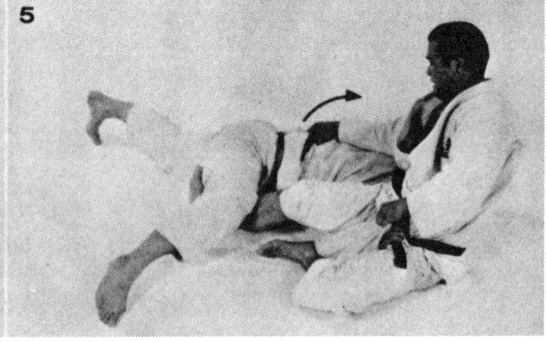

뒤띠를 잡고 오른쪽 무릎을 뻗으면서 화살표의 방향으로 당기고 넘어뜨린다.

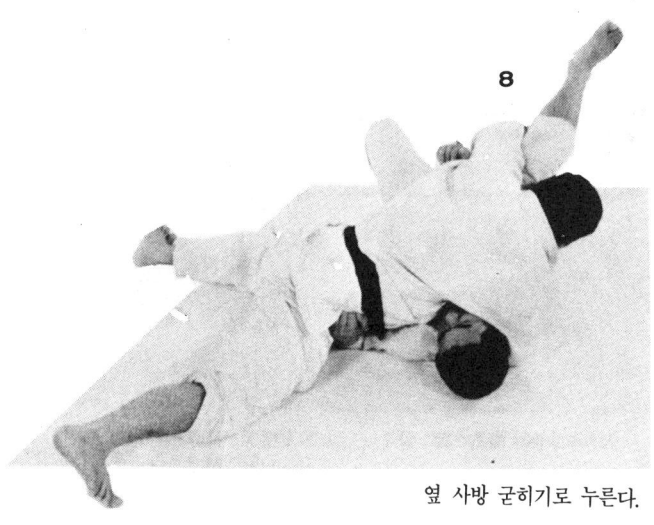

옆 사방 굳히기로 누른다.

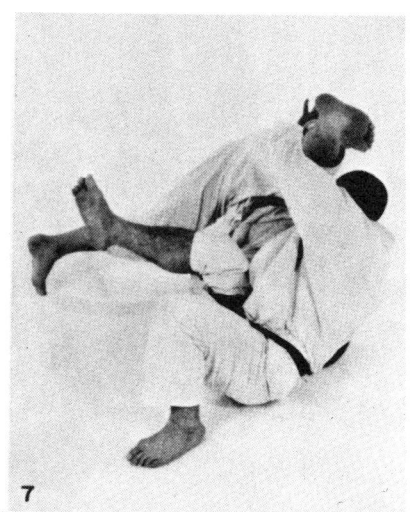

상대를 오른쪽 뒤의 구석으로 넘어뜨리면서.

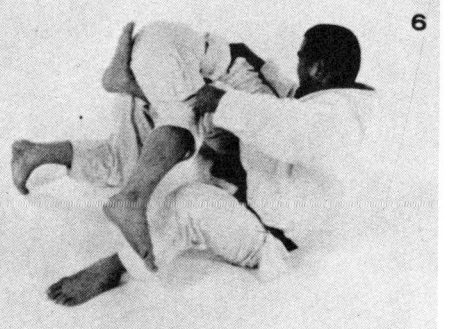

왼손으로 오른쪽 무릎을 잡는다.

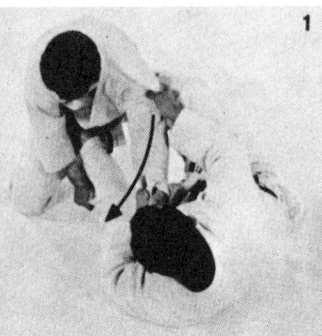 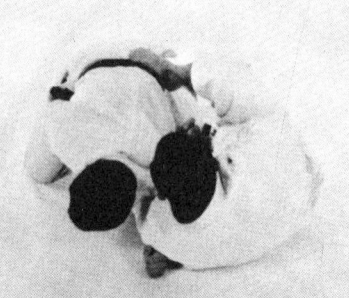 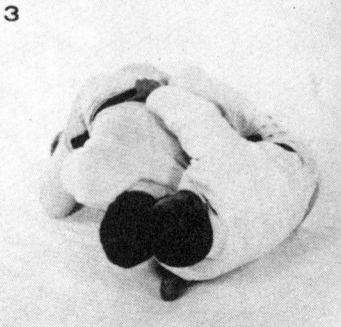

화살표의 방향으로 상대의 팔을 당긴다.

왼팔을 상대의 왼쪽 겨드랑이 밑으로 앞에서 넣어, 이 팔을 안고 들어가서 오른손으로 뒤 띠를 잡는다.

오른발을 상대의 허벅다리 사이에 넣는다(사진 A 참조).

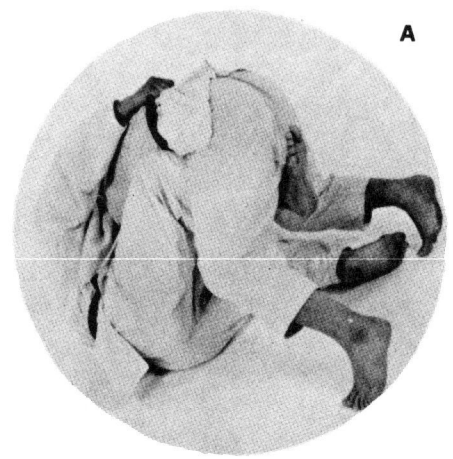

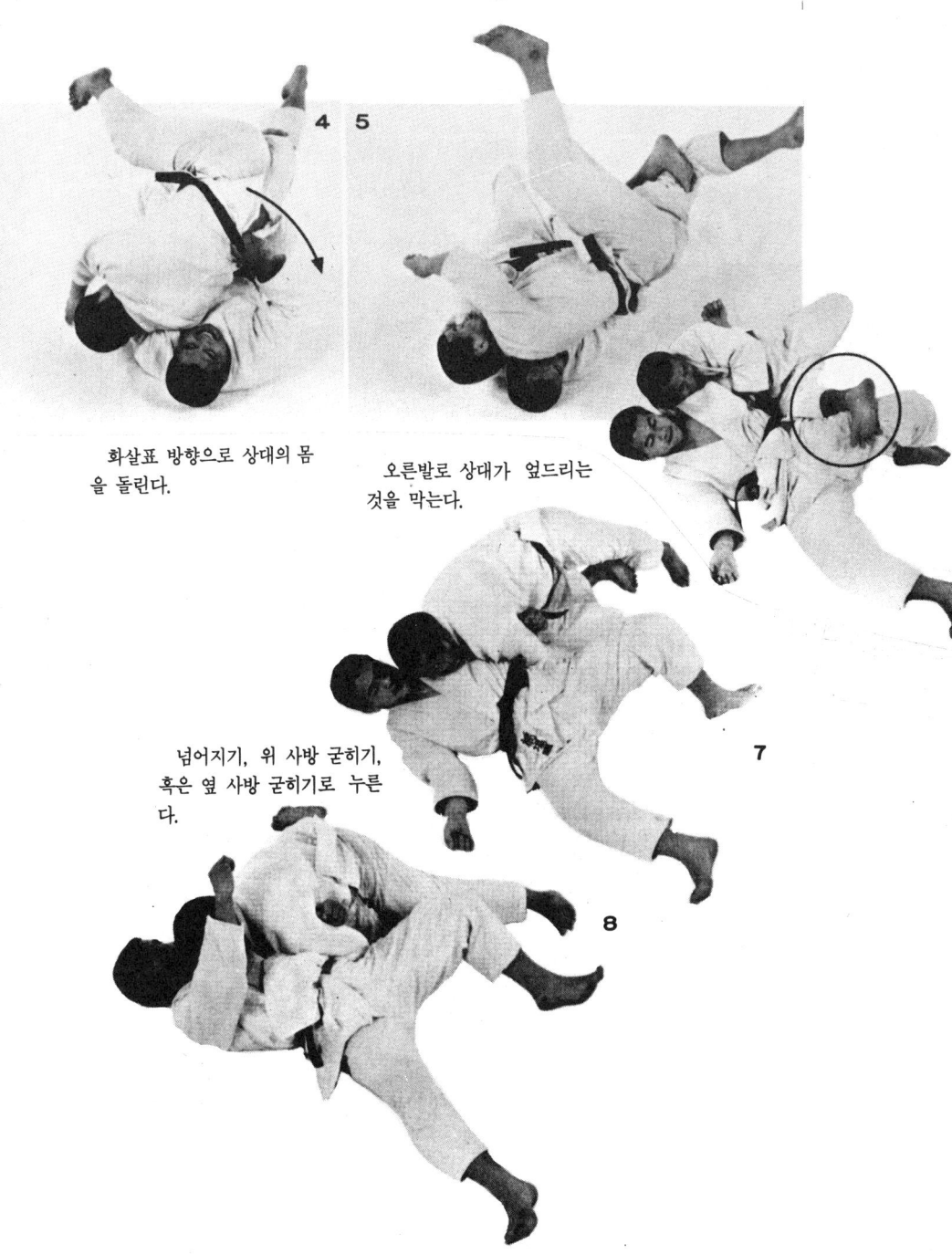

1 방어의 기본형에서 변화하여 상대의 몸을 충분히 끌어 붙인다.

2 오른팔을 상대의 후경부(後頸部) 너머로 왼쪽 겨드랑이 밑에 넣는다.

3 상대의 왼팔을 화살표 방향으로 크게 돌리는 것처럼 하고

그대로 관절을 결정내든지,
내리사방 굳히기로 누른다.

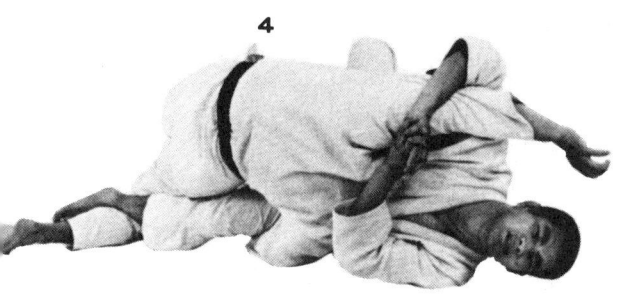

상대의 몸을 돌리고 위가
된다.

요점(要点) 사진 3의 단계에서 머리를 제압하고 상대
의 왼팔을 화살표 방향으로 끌어돌리면서 상체를 제압할
것.

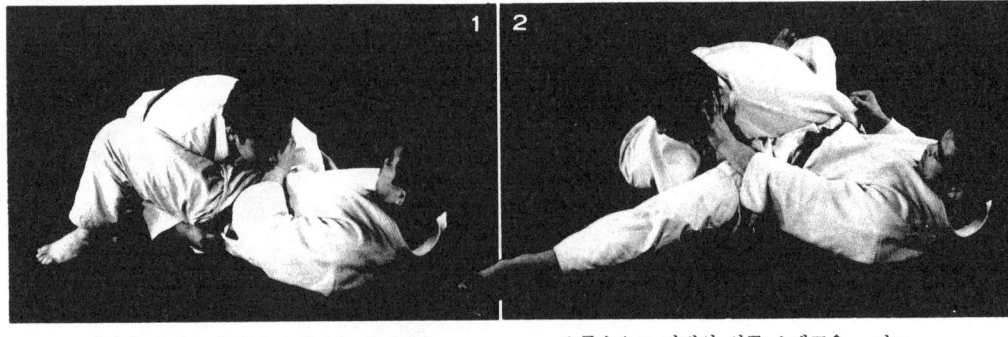

상대가 왼팔로 위에서 오른발을 안아왔을 때,

오른손으로 상대의 왼쪽 소매끝을 잡고 왼손으로 머리를 밀면서,

기본 방어자세에서 상대를 끌어붙인다.

오른손을 화살표 방향으로 당기고 왼손으로 뒤 띠를 잡는다.

오른발로 상대의 왼발을 차서 앞으로 넘어지게 한다.

앞으로 낸 상대의 왼팔 관절을 재빨리 제압하고,

오른발을 상대의 왼쪽 겨드랑이 밑
으로 돌린다.

상대가 앞으로 회전하여 피하지못
하도록 오른손으로 상의를 잡고,

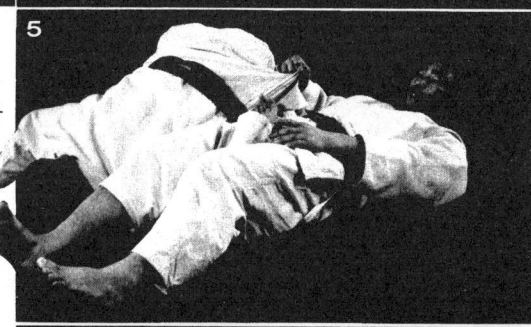

양발을 끼면서 자신의 상체를 일
으켜 간다.

왼쪽 허리를 약간 뜨게 하면서 팔
을 결정낸다.

반대방향으로 몸을 틀고 팔을 결
정낸다. 오른쪽 무릎을 상대의 등에
대고 상대가 회전하여 피하는 것을
막을 것.

2. 오른발로 상대의 왼발을 차고 몸을 뻗었으나 앞 페이지 사진 8처럼 상대가 왼팔을 앞으로 내고 오지 않는 경우.

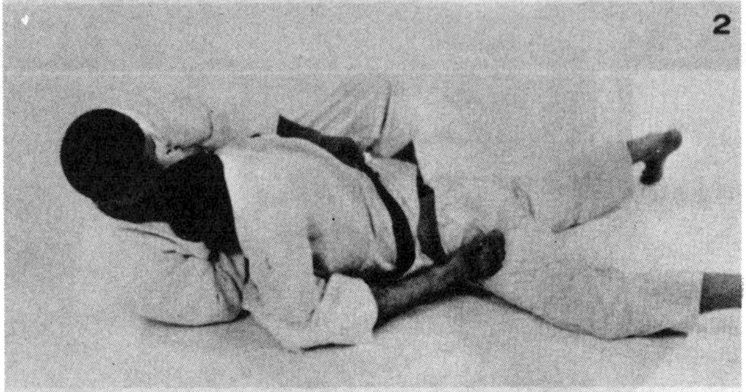

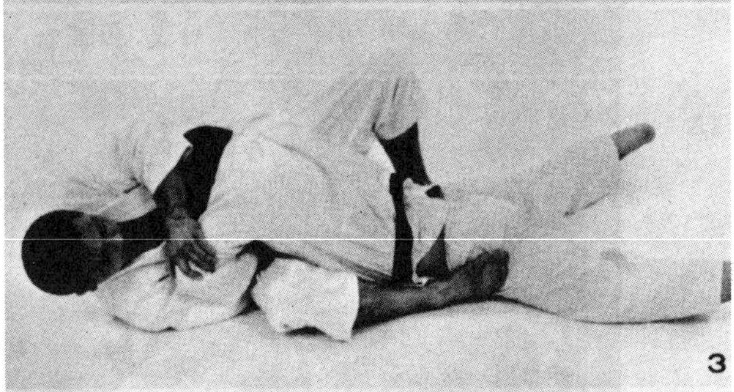

3. 왼손을 써서 상대의 왼팔 팔꿈치를 끌어 올려

4. 오른손을 겨드랑이 밑에 넣는다.

5. 양발을 상대의 몸을 고정시키고 팔 굽히기로 결정낸다.

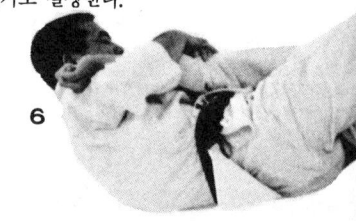

7

8

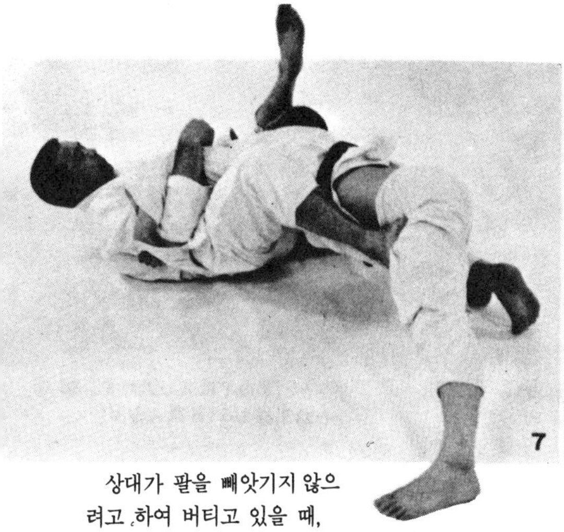

상대가 팔을 빼앗기지 않으
려고 하여 버티고 있을 때,

9

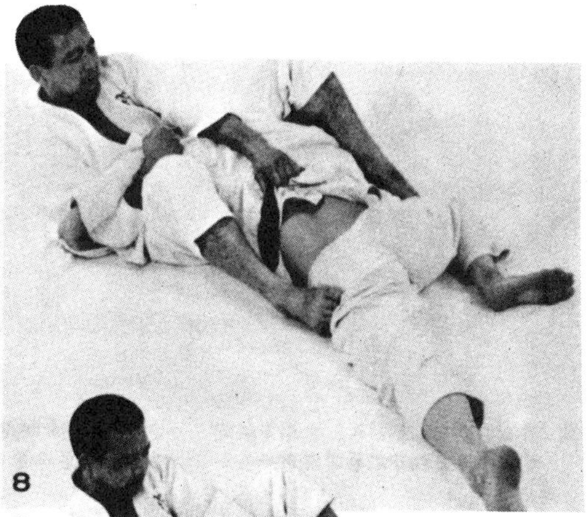

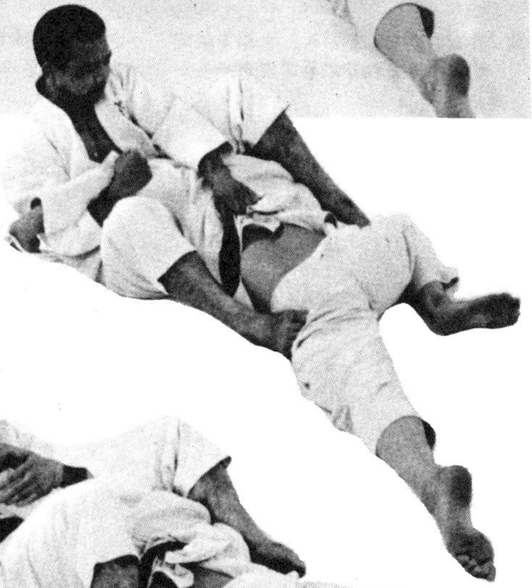

왼발로 상대의 머리를 제압하
고 왼손으로 뒤 띠를 잡는다.

완전히 상대의 동작을 봉쇄하
고 나서 팔 굳히기로 결정낸다.

10

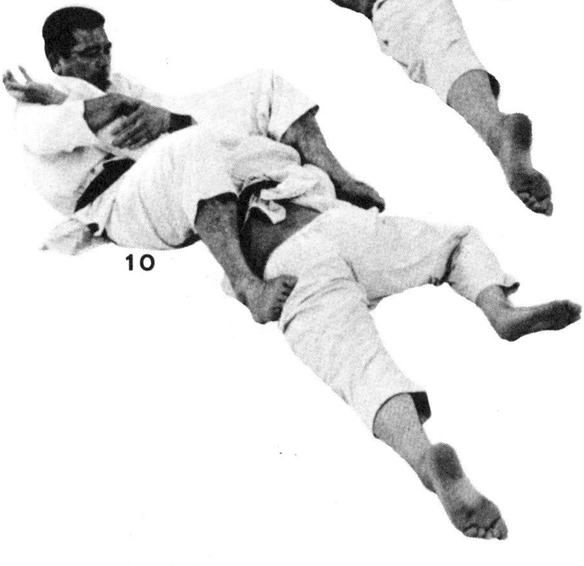

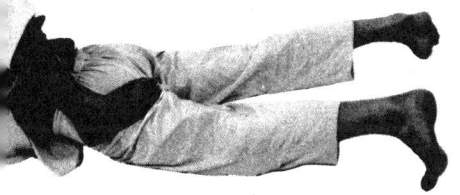

A 기본 방어자세에서 오른손을 순간적으로 빼면 상대의 턱이 올라간다.

왼손을 상대의 오른쪽 팔꿈치에 걸고 그 위에서 턱으로 밀어붙인다.

왼손을 오른손의 밑으로 밀어 넣어 상대의 머리를 누른다(사진 A 참조).

B

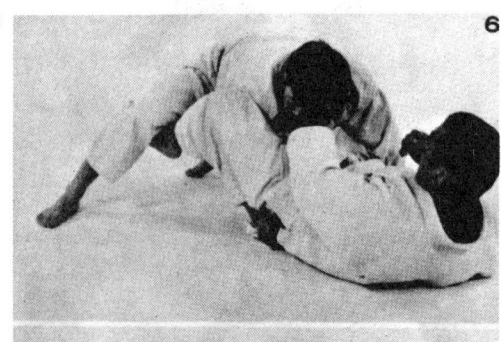

왼손은 네 손가락을 안으로 하고 상대의 왼쪽 옷깃을 잡는다.

오른손은 엄지손가락을 안으로 하고 왼쪽 옷깃에서 오른쪽 옷깃으로 옮기고 순간적으로 조른다.

오른팔 팔꿈치를 내리고 양손을 가슴에 끌어붙인다.

요점(要点) 지레의 원리를 이용하여 결정내는 A의 방법처럼 턱을 앞으로 내고 공격해 오는 상대에게는 용이하게 결정낼 수 있는 기(技)다. 자신의 왼팔을 상대의 오른쪽 겨드랑이 밑으로 넣어 왼쪽 옷깃을 잡고, 이 기술로 해도 된다(86페이지 참조).

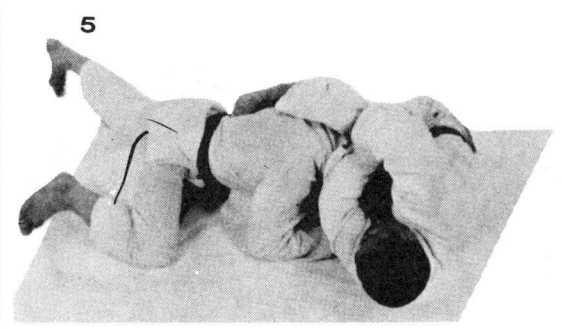

상대가 화살표 방향으로 돌아 피하는 것을 막기 때문에

오른발로 상대의 왼쪽 어깨를 누르고 결정낸다.

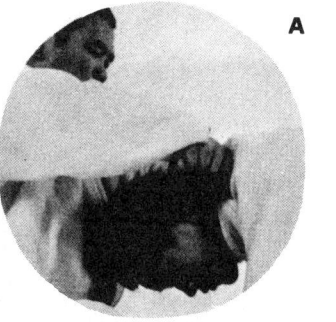

지레의 원리를 활용한다.

요점(要点) 사진 4에서 상대를 화살표 방향으로 돌리지 못하도록 왼발로 상대의 후견부, 혹은 오른쪽 어깨를 눌러 결정을 내도 좋다. 요는 상대가 돌아서 피하는 것을 막는 것과 동시에, 발의 힘을 사용하여 양손의 조작을 돕는 것이다. 단순한 조르기 기술이지만 스피드를 살리고 일시에 결정내는 것이 중요하다.

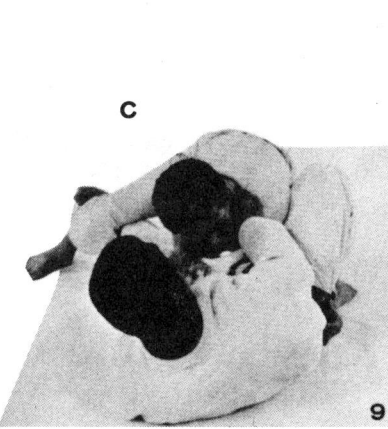

상대가 양쪽 옆 띠를 잡고 끌어일릴 때.

양손 엄지손가락 쪽을 경동맥(頸動脈)에 대이 상 무릎을 그그고 결정낸다.

〈참고〉 양손을 사용하지 않고 발만으로 직접 졸라붙였을 경우는 반칙이 되지만 이 방법은 룰에 위반되는 것은 아니다. 참고로 말해 둔다.

145

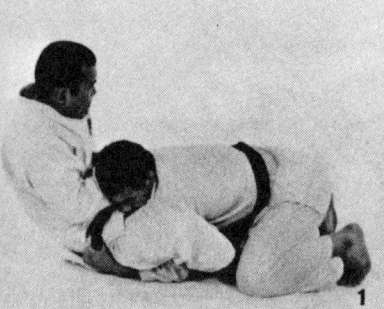 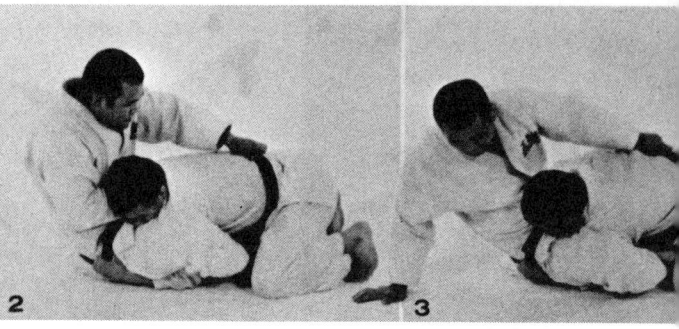

| 상대가 양발 밑에서 양팔을 넣어 옆 띠를 잡고 왔을 때. | 왼손으로 뒤 띠를 잡고 끌어붙인다. | 오른손을 뒤로 짚고, 오른발로 상대의 양팔을 베어들어가는 것처럼 허리를 튼다. |

| 상대가 한쪽 손을 발 밑에서 넣어 옆 띠를 잡고 왔을 때, | 왼손으로 뒤 띠를 잡고 | 허리를 오른쪽으로 틀고 |

상대가 한쪽 손을 발 밑에서 넣어 옆 띠를 잡아 왔을 때.

띠를 잡은 상대의 오른손을 왼손으로 누르고 그 손을 고정시키면서.

위에서 공격하는 입장에서 생각하면 상대의 허리가 살아 있어 발을 자유롭게 사용할 수 있는 상태일 때는, 상대의 발 밑에서 넣어, 옆 띠를 잡은 손에 너무 강하게 힘을 넣지 않고 언제나 상대의 동작에 응해서 당

상대의 몸을 뒤로 돌리고 누른다.

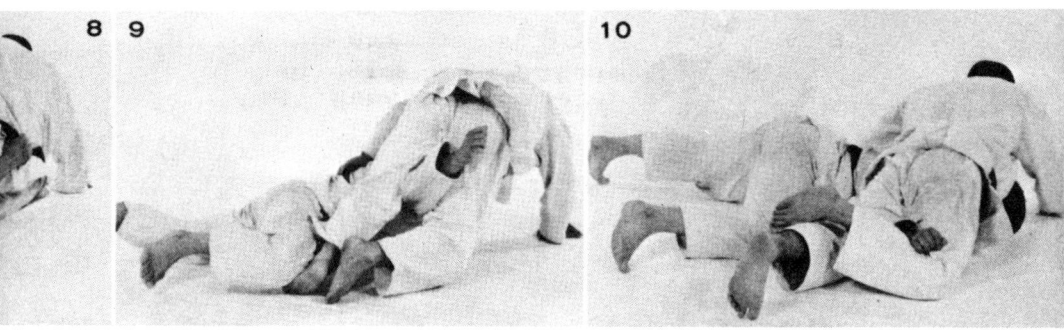

오른팔 관절을 결정낸다.

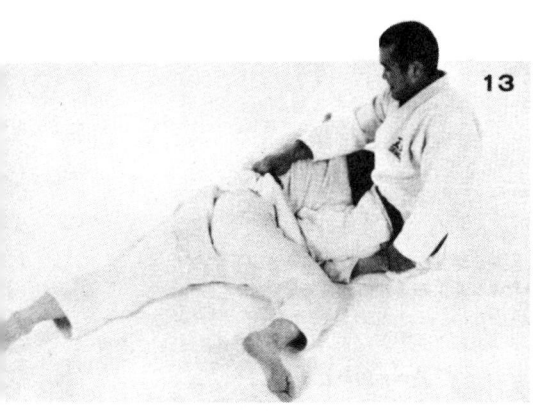

오른손으로 뒤 띠를 잡고 상대를 끌어붙여 자신의 왼발을 뻗어 상대의 왼쪽 허리에 대고 결정낸다.

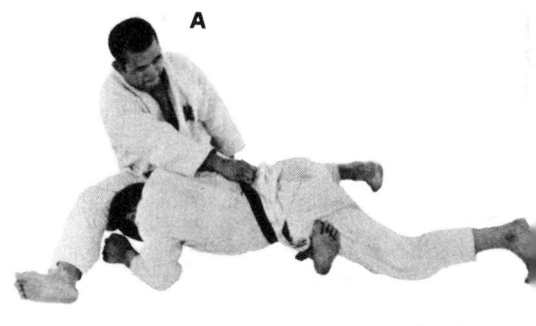

결정이 나쁠 때는 상대의 오른손을 뜨게 하면 좋다.

기는 것처럼 해놓아야 한다. 혹은 또 한쪽의 손으로 상대의 발을 위에서 안아들어가서, 한쪽 허리를 제압해 놓으면 상대도 그다지 자유에 변화를 주지 못할 것이다.

 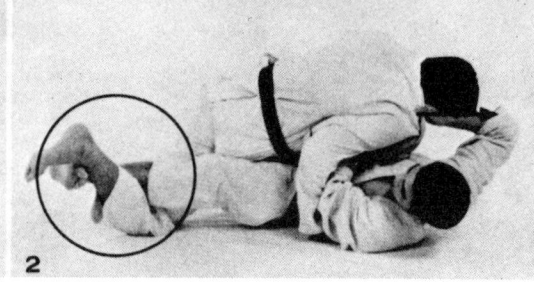

상대의 발을 끌어올리는 것처럼 화살표 방향으로 끌어붙이고 왼발 발목을 상대의 오른발 발목에 감게하여 뻗는다.

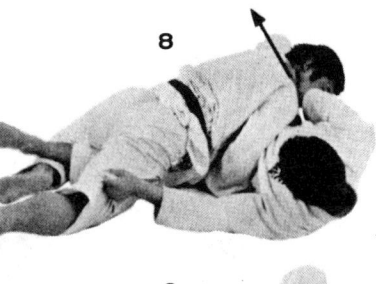

상대가 한쪽 발을 감아올리고 허리에 붙여서 공격해 올 때 상대의 머리를 화살표 방향으로 밀면서.

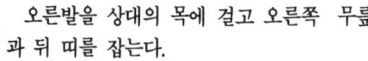

오른발을 상대의 목에 걸고 오른쪽 무릎과 뒤 띠를 잡는다.

허리를 뜨게 하여 양발을 화살표 방향으로 움직이면서 양손의 힘을 갖추어 상대의 몸을 넘겨 간다.

옆 사방 굳히기, 혹은 넘어져서 위 사방 굳히기로 누른다.

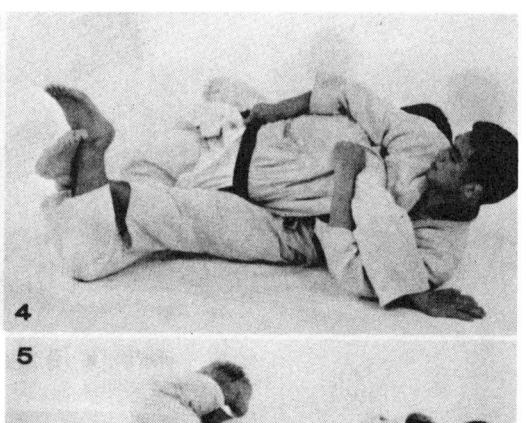

오른손으로 뒤 띠를 잡고 왼팔로 상대의 오른팔을 껴안아 상체를 제압한다.

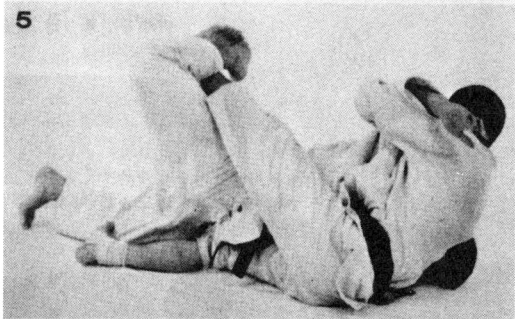

오른팔 팔꿈치와 왼발 발목의 감아올리기를 이용하면서 허리를 틀고 간다.

요점(要点) 사진 2의 단계에서 상대의 상체가 자신의 몸과 밀착해 버리면 왼발 발목을 상대의 오른발 발목에 감아올리기 어려워지기 때문에 화살표 방향으로 약간 뜨게 하는 듯이 하여 끌어붙일 것.

사진 11에서는 자신의 양발을 각각 반대방향으로 사용할 것.

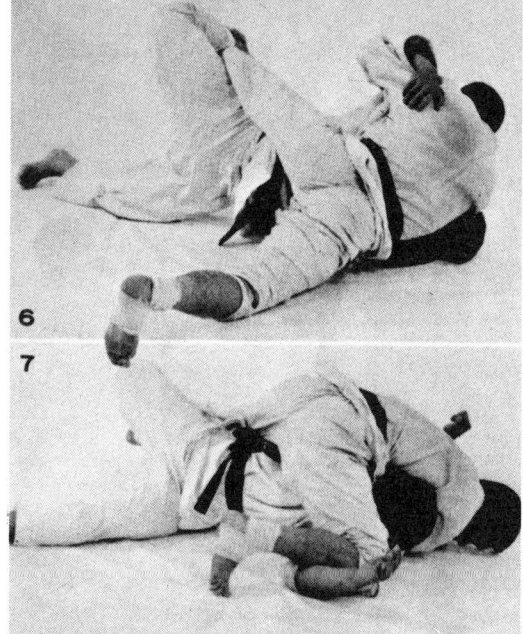

내리 사방 굳히기로 누르든지, 아니면 오른팔 관절을 결정낸다.

양손을 끌어붙이고 상대를 앞으로 넘어지게 한다.

오른손으로 잡은 상대의 왼쪽 옷깃을 턱 밑으로 돌린다.

상대가 허리에 붙어서 공격해 올 때 왼손으로 상대의 오른쪽 옷깃을 차례로 잡는다(사진 A 참조).

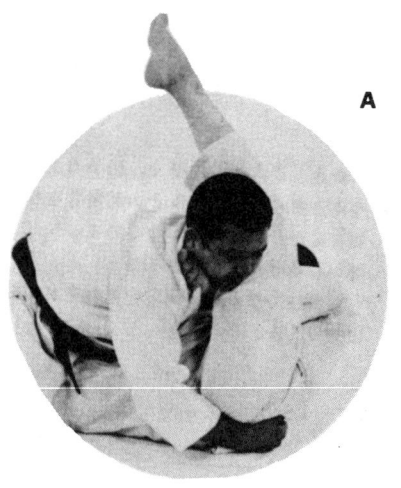

상대의 왼쪽 어깨끝을 오른손으로 밀고 왼발을 후경부(後頸部)에 건다.

왼발 발목을 상대의 오른쪽 무릎에 넣고 조른다.

오른발로 후경부를 누르고 발목을 상대의 왼쪽 어깨 끝에 넣고

제압한다.

상대가 앞으로 회전하여 피할 경우에는 왼발로 그것을 봉쇄하고 조른다.

상대가 상반신을 굳히기를 하려고 공격해 올 때, 　　오른팔로 상대의 왼발을 껴안는다.

 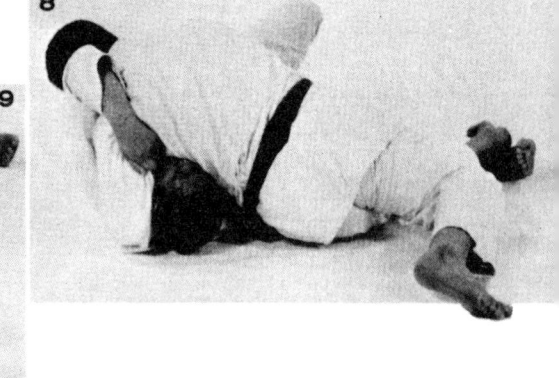

옆 사방 굳히기, 혹은 넘어져 위 사방 굳히기 등으로 굳힌다.

상대의 허벅다리 사이에 몸을 움직여 넣는다.

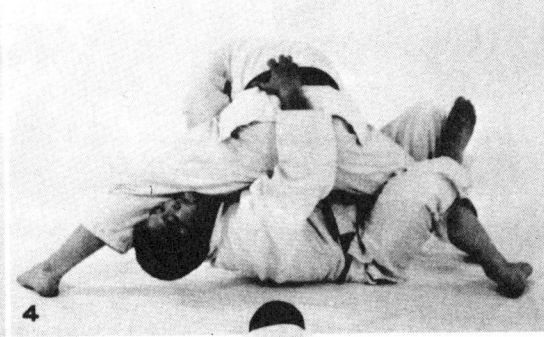

오른손으로 뒤 띠를 잡는다.

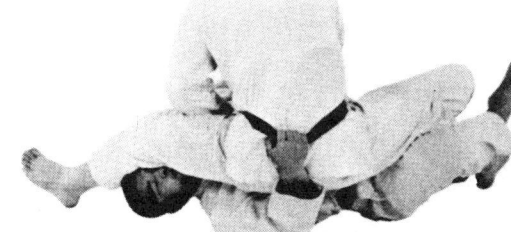

왼발로 바닥을 차고 뒤 띠를 잡은 오른손을 밑으로 끌어내린다.

위가 되어, 한 번 견고하게 상대의 허리에 붙어서 굳히기로 공격한다.

153

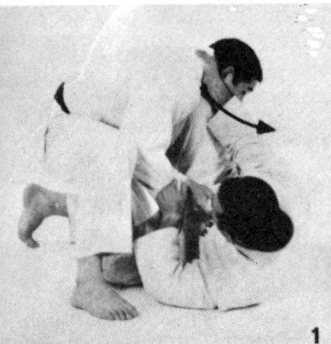  

1. 오른손으로 화살표 방향으로 상대를 끌어내어,

2. 틈을 주지 않고 왼손으로 상대의 오른손 손등에서 손목에 걸쳐 잡고 오른손으로 팔감기로 들어간다.

3. 상대의 허벅다리 사이에 접근하면서.

상대의 오른손 팔꿈치를 당겨 붙인다.

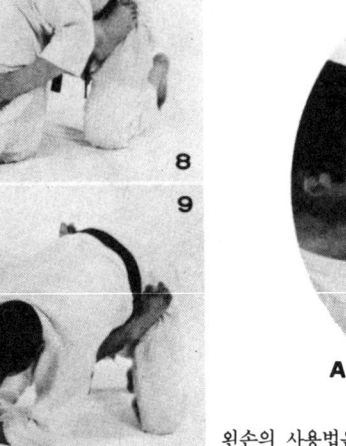

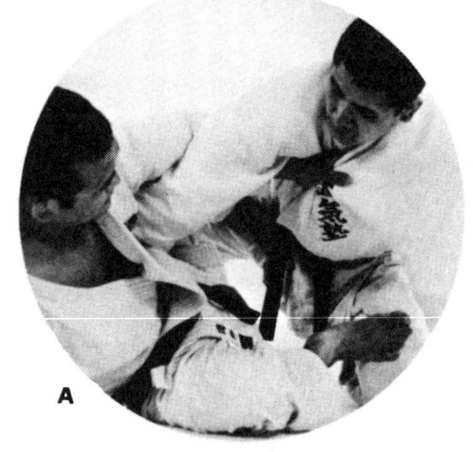

왼손의 사용법은 사진 A 참조.

참고(參考) 사진 A의 자세에서 여러 가지 기술에 변화시킬 수 있어서 연구를 요한다. 무릎 굳히기를 비롯하여 오른손으로 상대의 오른쪽 옷깃을 엄지손가락을 안에 넣고 잡아, 한쪽 열십자 조르기, 혹은 발을 사용하여 상대를 왼쪽에 넘어뜨리면 그대로 걸어 굳히기, 오른쪽에 넘어뜨리면 옆 사방 굳히기, 오른손으로 뒤 띠를 잡고 자신의 머리너머 뒷쪽에 상대를 회전시키면 내리사방 굳히기로 공격할 수가 있다(73페이지 참조).

무릎을 사용하여 앞으로 제압하여 무릎 굳히기로 결정낸다.

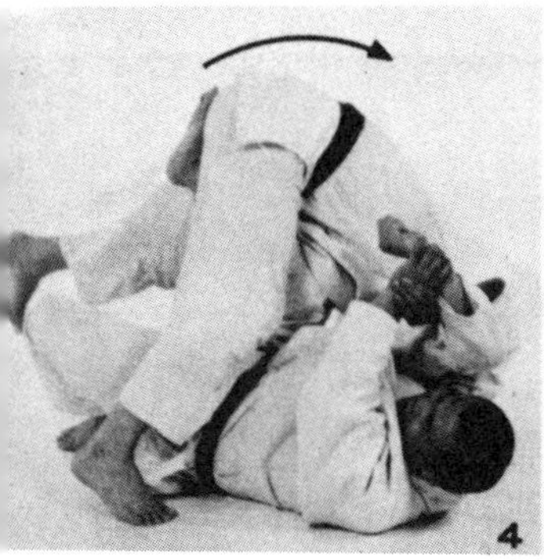

4

오른발을 화살표 방향으로 움직여,

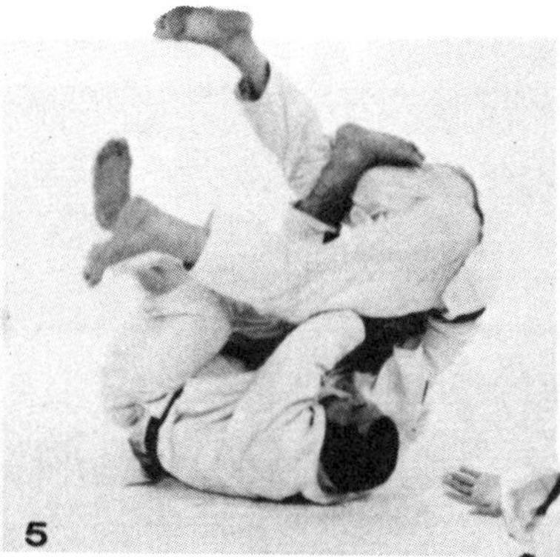

5

상대의 몸을 넘겨간다.

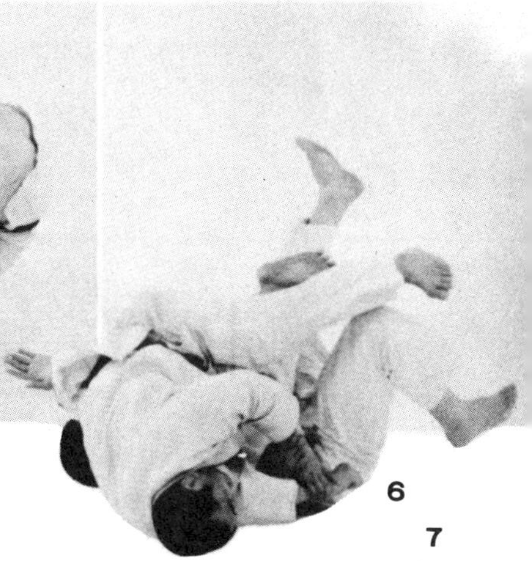

6

7

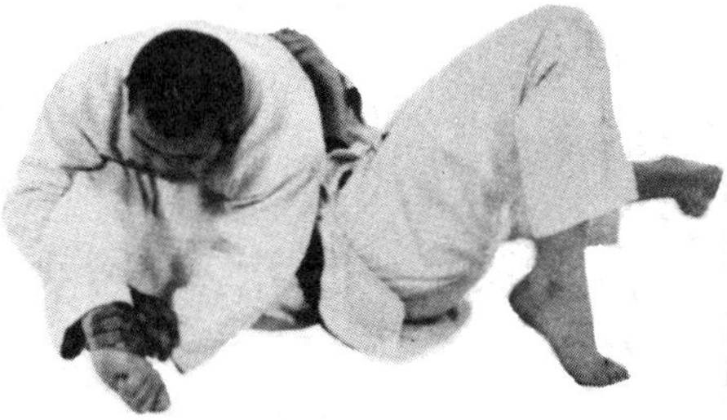

팔꿈치를 결정낸다.

참고(**參考**) 자신이 위에서 공격하고 있을 때 상대가 팔을 감아올 경우에는(사진 B), 감긴 오른팔을 상대와 자신의 몸 사이에 넣으면서 왼쪽으로 허리를 비틀어 상대의 오른손 팔꿈치의 관절을 잡는다(사진 C).

B

C

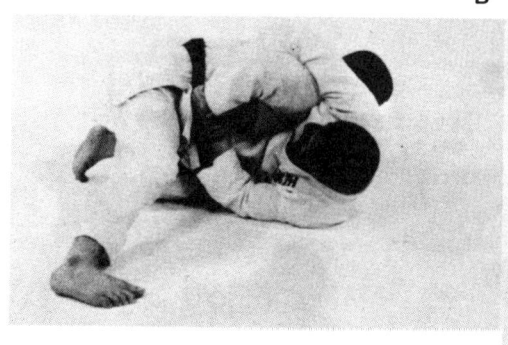

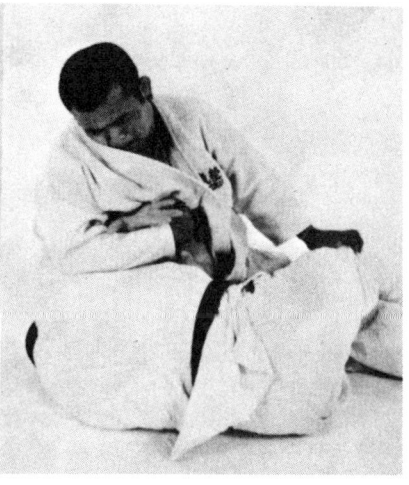

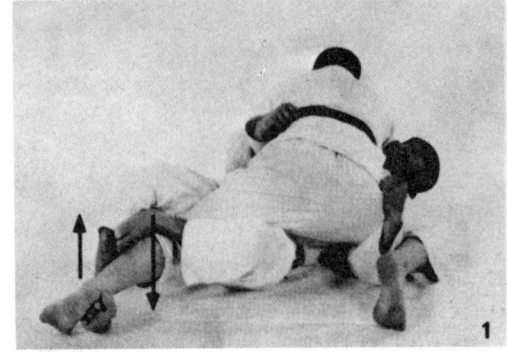
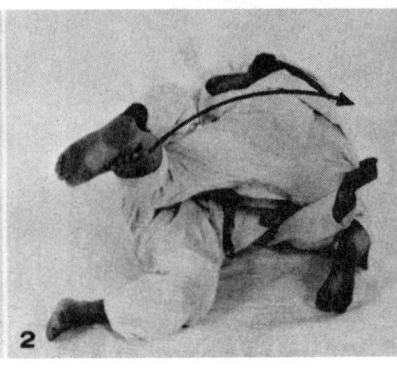

상대에게 상체를 제압할 수 없는 동안에 양발을 화살표 방향으로 움직여 상대의 왼발을 끼어 둔다.

기회를 보고 왼발을 풀고 오른발을 화살표 방향으로 차올린다.

상대가 상체를 공격해 온다.

왼팔을 빼고 자신의 상체를 자유롭게 한다.

상체를 오른쪽으로 비틀려고 하면 상대는 왼쪽 허리를 넣어 오므로 즉각 발을 바꾸어 감는다.

왼발 발가락 끝으로 바닥을 차고 몸을 젖히면서 일어난다.

틈을 주지 않고 몸을 일으키고
반격으로 전환한다.

상대가 자신의 허리보다 위에 붙어서 공격해 오면 즉시 발을 감아 방어의 자세가 되고마는 사람이 많다. 발을 감는 것을 배우기 전에 사진 1처럼 양발로 상대의 발을 끼고 일시에 상대의 발을 제압하여 반격으로 전환시키는 방법을 배워주기를 바란다.

상대의 상체를 굳히고 눌러 들어간다.

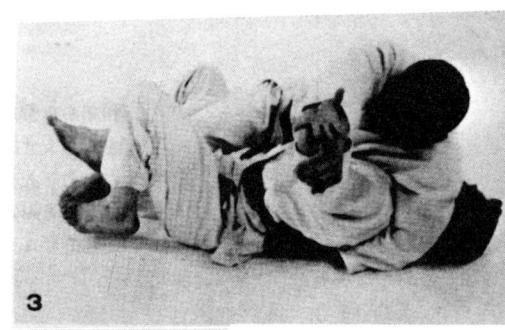

오른발을 상대의 오른발에 걸어 봉쇄하면서 왼손과 왼쪽 발을 사용하여 상대의 오른손을 벗긴다.

왼발로 바닥을 차고 왼팔을 상대의 오른쪽 겨드랑이 밑에 뻗어 넣어 「브릿지」를 하면서 일어선다.

오른발을 상대의 오른발에 건 그대로 몸을 젖히고 상대의 동작을 봉쇄하면서 굳히는 기(技)에 옮긴다.

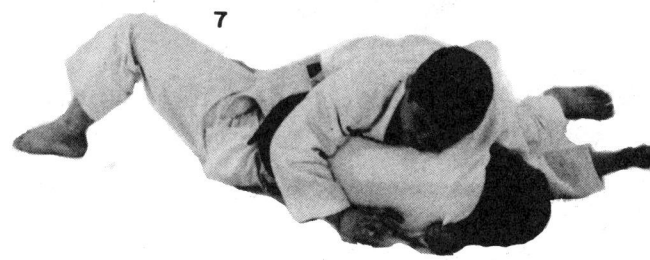

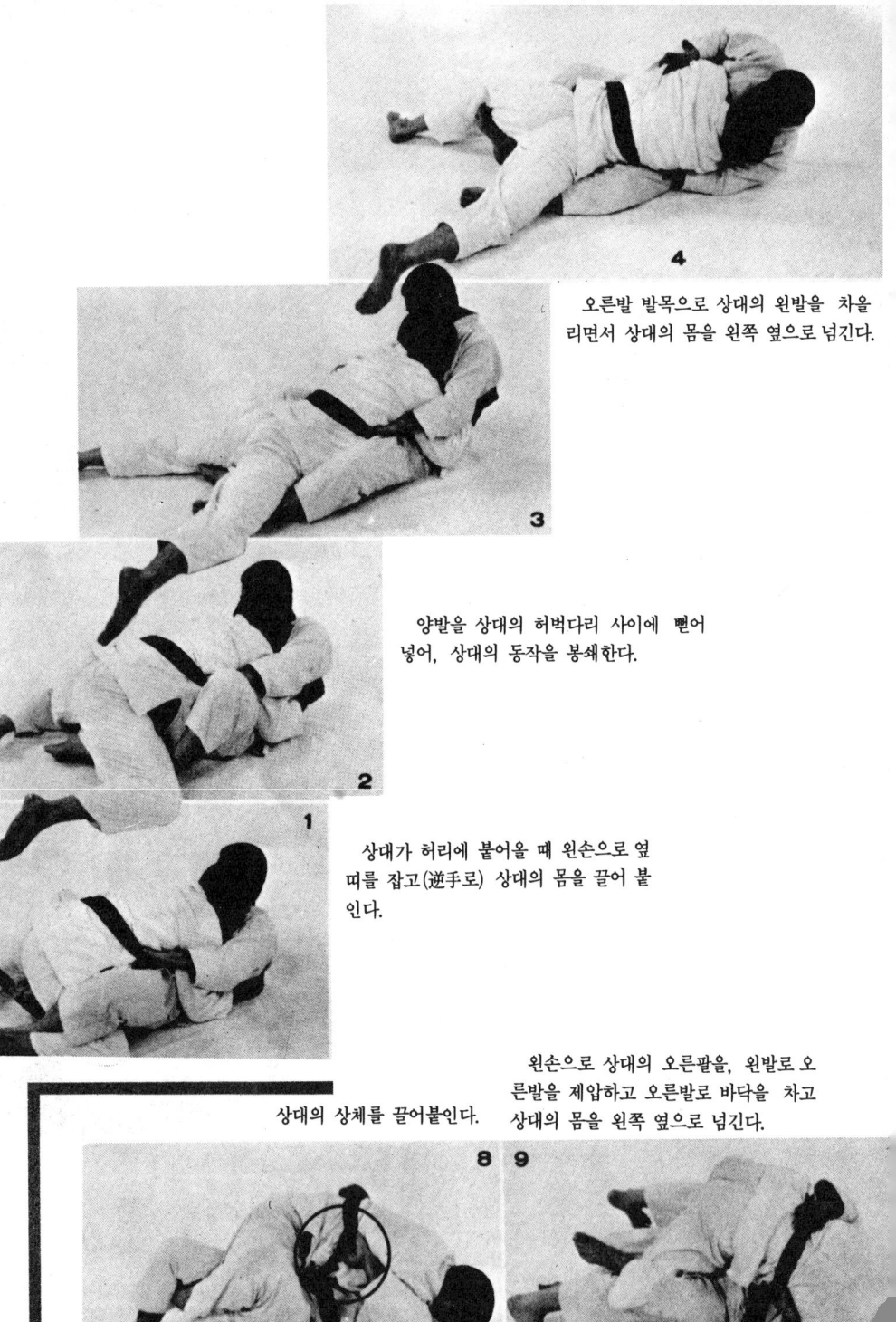

오른발 발목으로 상대의 왼발을 차올리면서 상대의 몸을 왼쪽 옆으로 넘긴다.

양발을 상대의 허벅다리 사이에 뻗어 넣어, 상대의 동작을 봉쇄한다.

상대가 허리에 붙어올 때 왼손으로 옆띠를 잡고(逆手로) 상대의 몸을 끌어 붙인다.

왼손으로 상대의 오른팔을, 왼발로 오른발을 제압하고 오른발로 바닥을 차고 상대의 몸을 왼쪽 옆으로 넘긴다.

상대의 상체를 끌어붙인다.

5

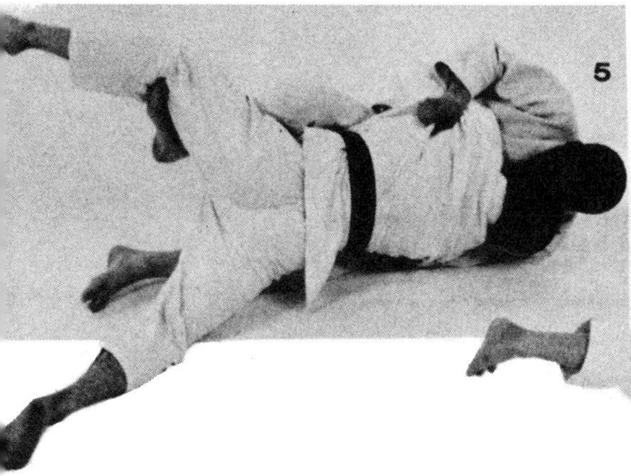

6

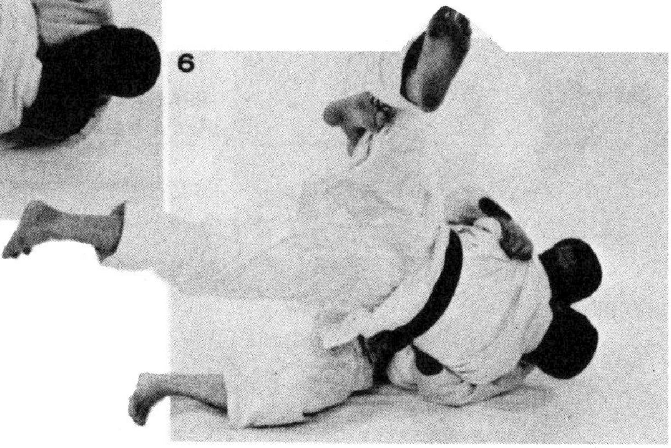

걸어 굳히기 등으로 누른다.

7

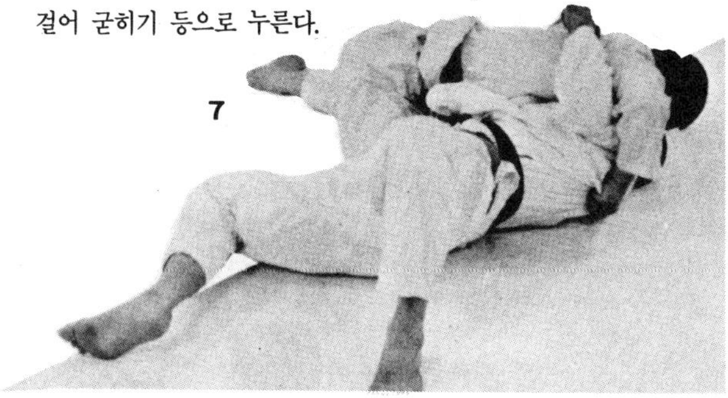

요점(要点) 왼손을 역수(逆手)로 상대의 오른팔 너머로 옆 띠를 잡으므로서, 상대의 오른팔을 봉쇄하고 동시에 상대가 오른쪽으로 돌아들어와서 공격하려고 하는 것을 봉쇄한다.

위가 되어 내리사방
굳히기 등으로 굳힌다.

10

11

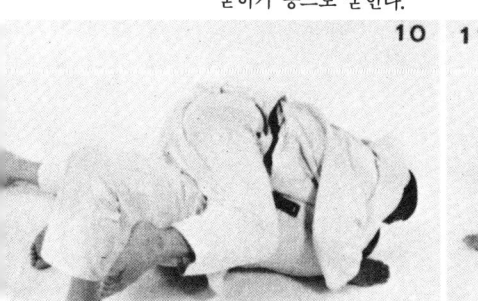

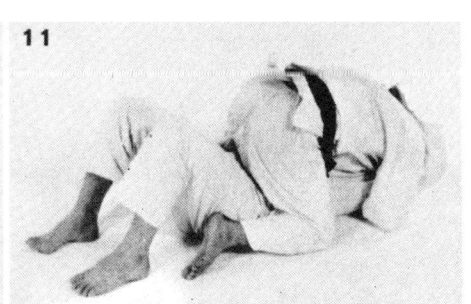

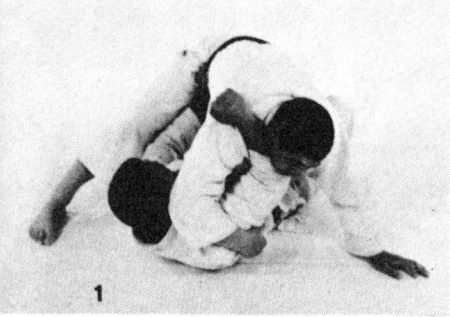

상대가 오른쪽 겨드랑이 밑으로 목을 넣어 오른팔을 제압해 올 때

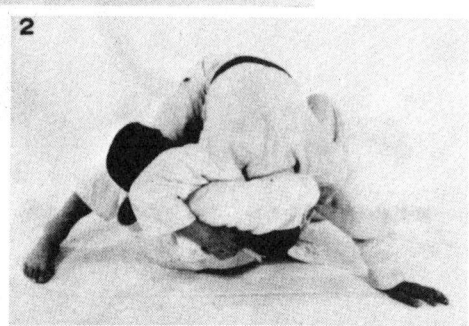

오른손을 사진 A처럼 움직이면서

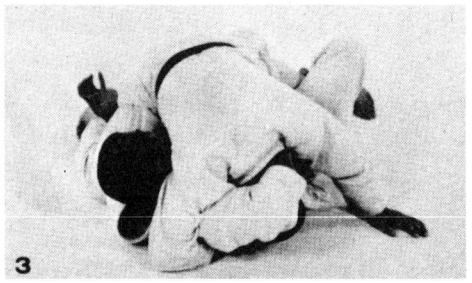

발을 벗기면, 상대는 옆 사방, 혹은 넘어지기 위 사방 굳히기로 누르려고 돌아온다. 혹은 자신부터 몸을 이동시켜 상대의 몸과 직선이 된다.

A

상대의 오른쪽 옷깃을 늦추어지지 않도록 잡고 조르기로 변화시켜 가는 것을 알지 못하게 하는 것과 동시에 상대가 적극적으로 눌러 들어오도록 유인한다.

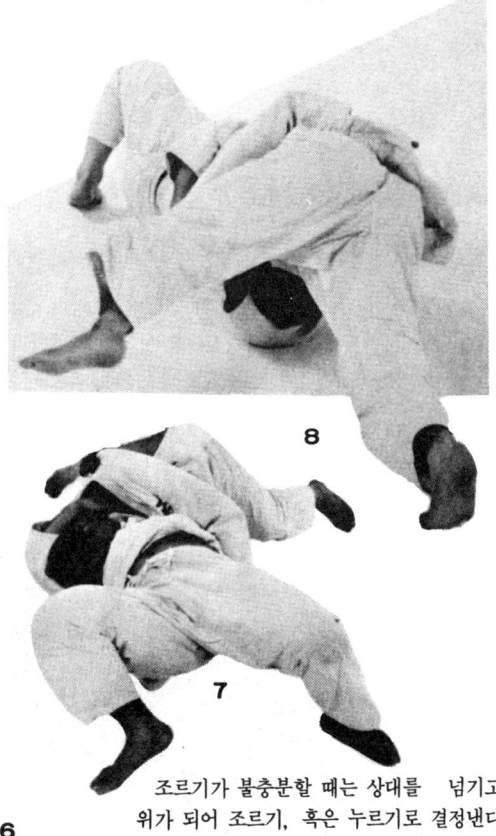

조르기가 불충분할 때는 상대를 넘기고 위가 되어 조르기, 혹은 누르기로 결정낸다.

왼손을 상대의 왼쪽 겨드랑이 밑에서 넣어 왼쪽 어깨 끝의 상의를 잡고 양손을 짜면서 조른다.

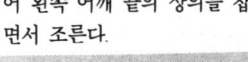

엎드려 있는 자세에서의 공격

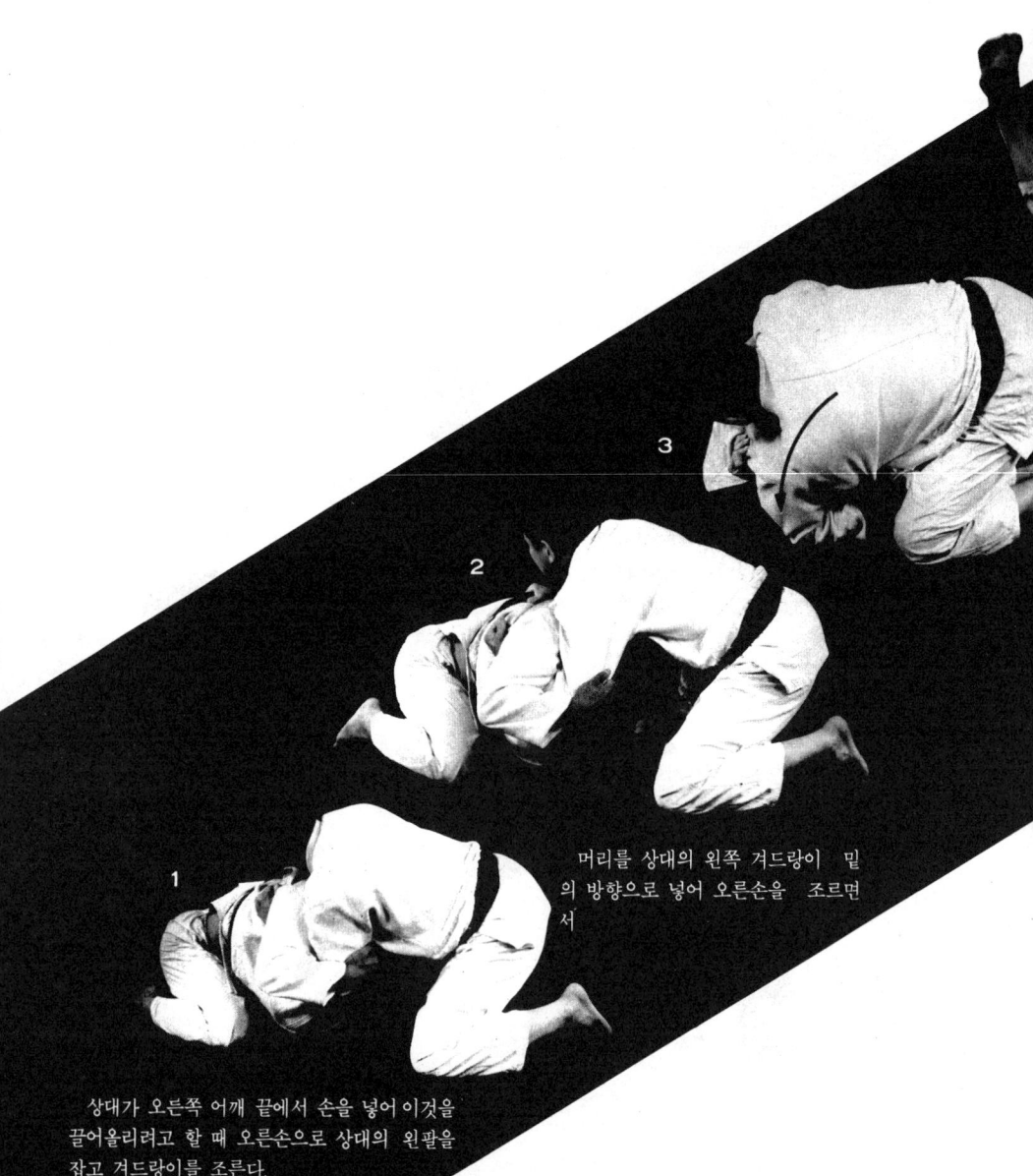

머리를 상대의 왼쪽 겨드랑이 밑의 방향으로 넣어 오른손을 조르면서

상대가 오른쪽 어깨 끝에서 손을 넣어 이것을 끌어올리려고 할 때 오른손으로 상대의 왼팔을 잡고 겨드랑이를 조른다.

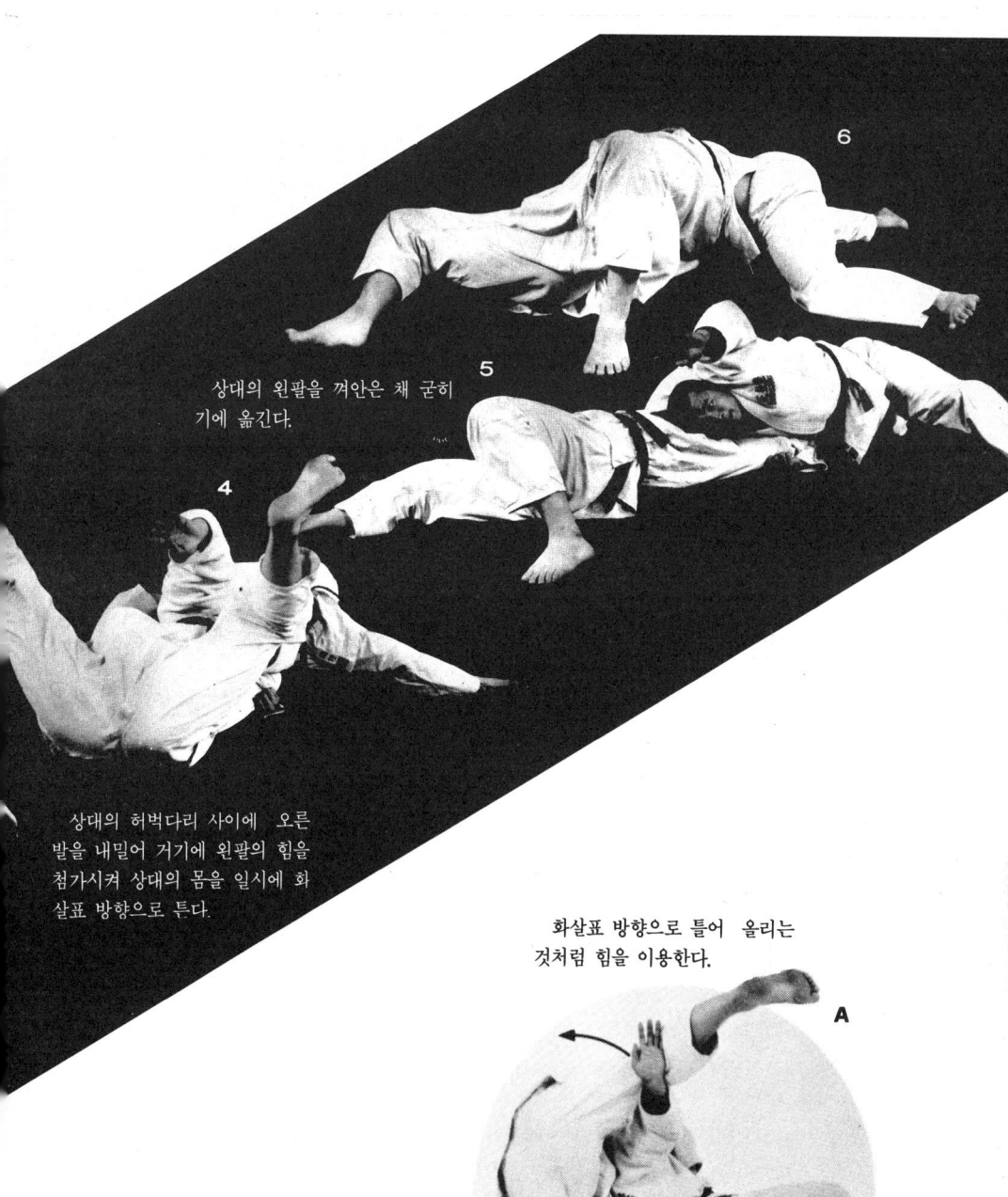

상대의 왼팔을 껴안은 채 굳히기에 옮긴다.

상대의 허벅다리 사이에 오른발을 내밀어 거기에 왼팔의 힘을 첨가시켜 상대의 몸을 일시에 화살표 방향으로 튼다.

화살표 방향으로 틀어 올리는 것처럼 힘을 이용한다.

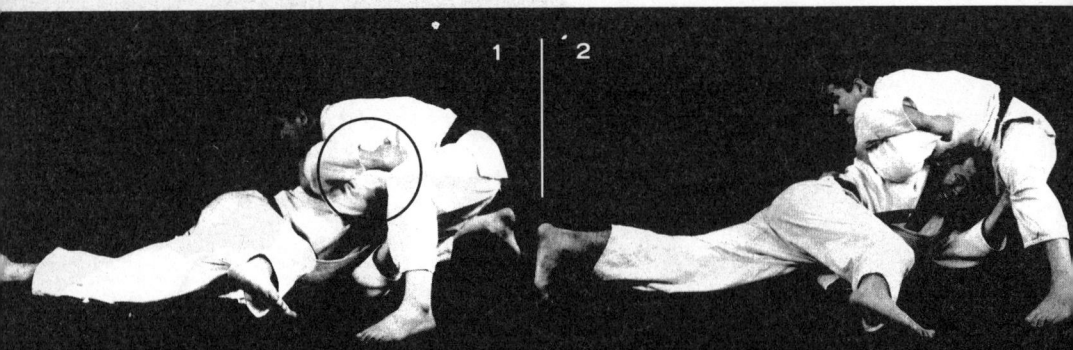

오른쪽 어깨 끝에서 들어온 상대의 왼팔을 오른손으로 꽉 잡고 오른쪽 허리를 넣어 상대를 밀어넘긴다.

왼손으로 상대의 왼쪽 무릎의 안쪽을 잡고 버티어 머리를 빼기 쉽도록 한다.

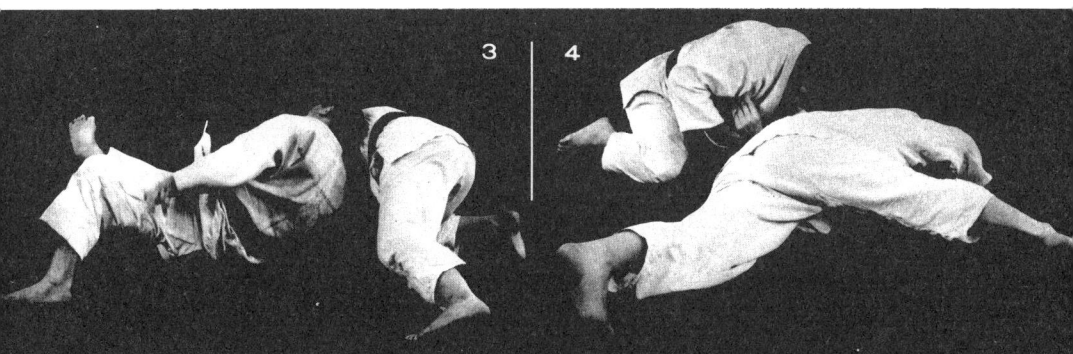

상대가 밀면서 넘기려고 할 때 그에 맞추어 일시에 몸을 뺀다. 오른손을 상대의 머리 방향으로 틀어준다.

상대를 앞으로 제압하고 관절을 결정낸다.

상대가 허리를 올리고 앞으로 회전할 때.

그대로 밀착해 가서 누른다.

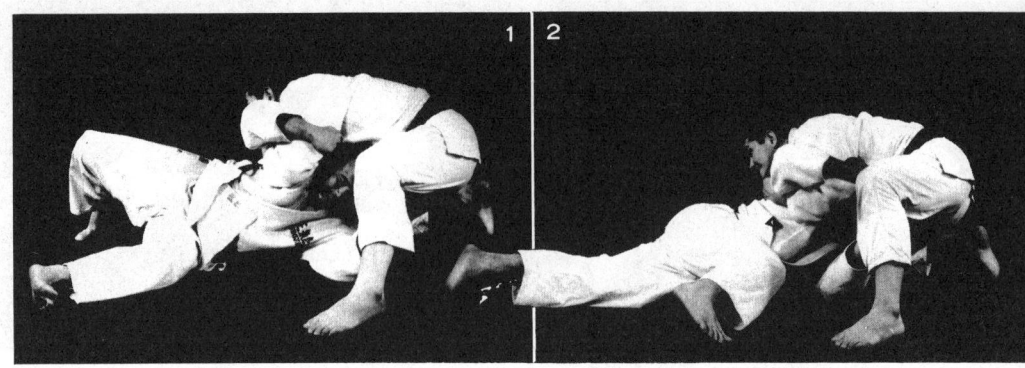

오른쪽 허리를 틀고, 오른쪽 어깨와 왼손의 밀어 버티기로 상대를 밀어 넘긴다.

　164페이지, 166페이지, 168페이지의 방법은 각각 관련시켜서 사용할 수 있는 기술이기 때문에, 모두 배워놓으면 좋다. 164페이지의 방법으로 자신의 자세가 상대에게 무너지고 옆으로 넘어질 경우에 166페이지, 혹은 이 방법이 사용된다.

　요점(要点) 사진 1의 자세로 양손의 힘만으로 상대의 공격을 방어하려고 생각해도, 그것만으로는 불충분하다. 사진 2의 경우처럼 될 수 있는대로 오른쪽 무릎을 상대쪽으로 내보내어 허리의 힘은 물론 몸 전체를 사용하여 밀어넘기지 않으면 안된다.

 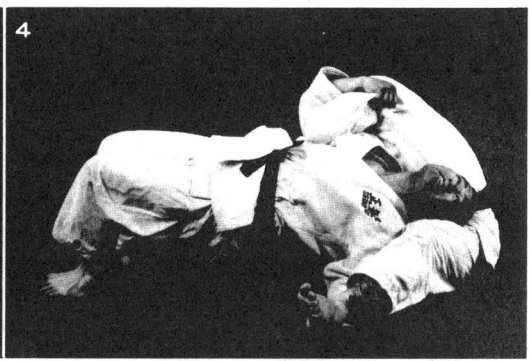

상대가 다시 밀어 넘길려고 할 때 그에 맞추어서 자신의 몸을 오른쪽으로 일으키려고 하면 상대는 반사적으로 허리를 내린다.

왼손을 상대의 왼발 발꿈치에 걸고 「브릿지」를 하면서 일어난다.

상대의 왼발 발꿈치를 잡은 그대로 일단 허리를 바꿔 넣어 상대의 상체에 붙는다.

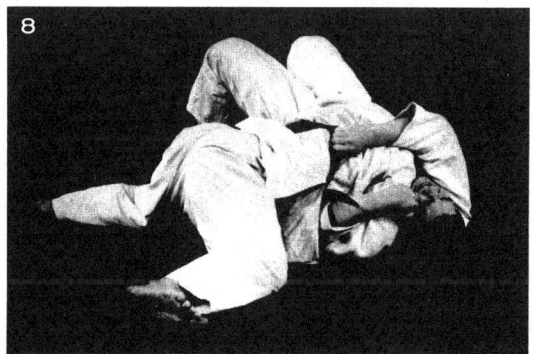

다시 허리를 바꿔 넣어 누른다.

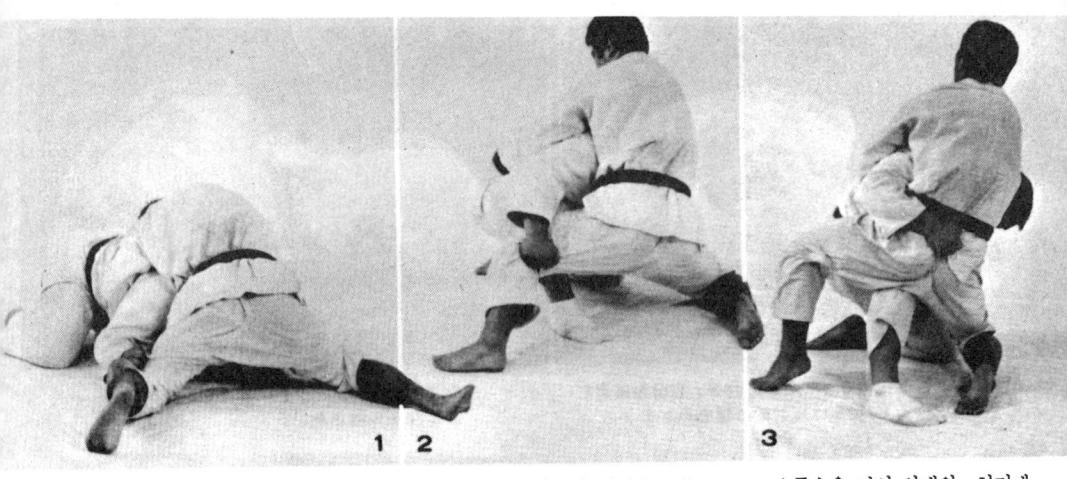

1

상대의 양 무릎 끝을 잡고 일어난다.

2

오른손으로 상대의 왼발을 안는 것처럼 하여 들어 올린다.

3

오른손을 다시 상대의 허리에 돌리고 왼손을 끌어붙여 오른발로 차서 넘긴다.

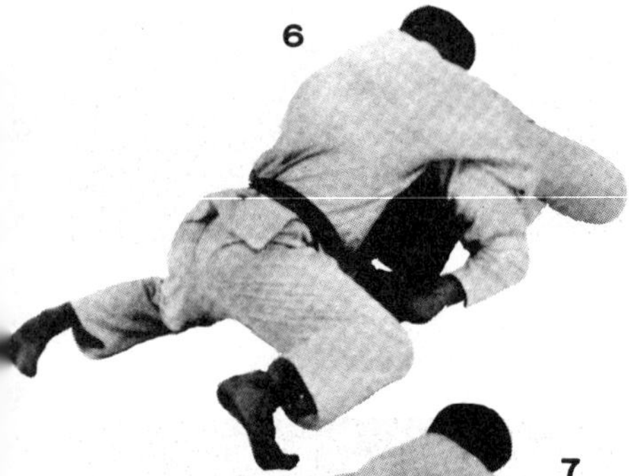

6

왼손으로 오른쪽 무릎을 잡고 오른손으로 상대의 왼발을 안는다.

끌어붙이면서 상체를 일으킨다.

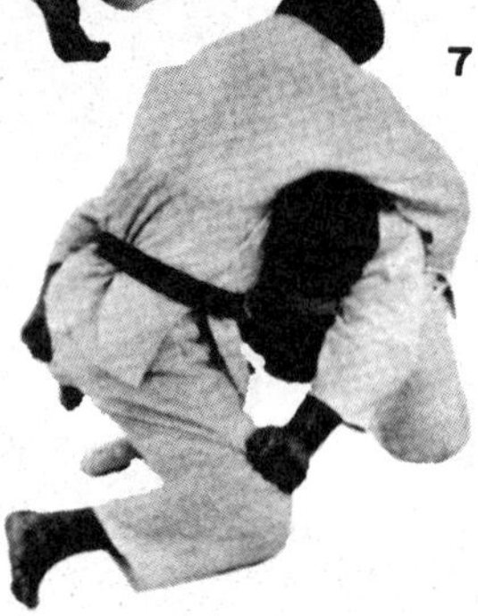

7

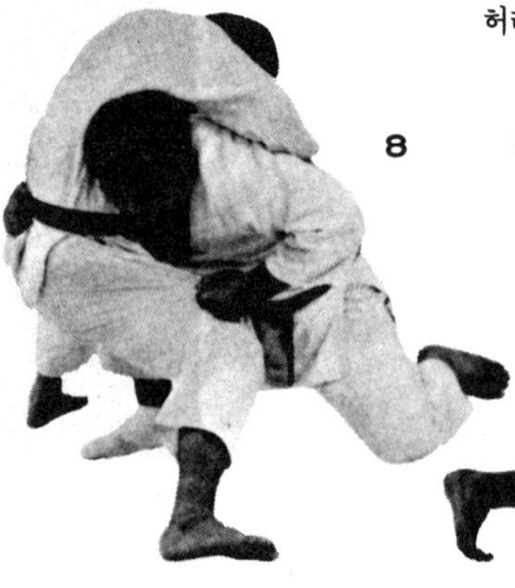

8

허리를 뜨게 하여 몸을 튼다.

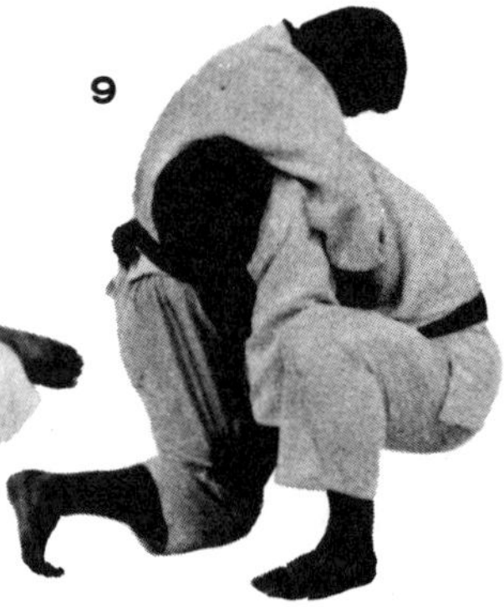

9

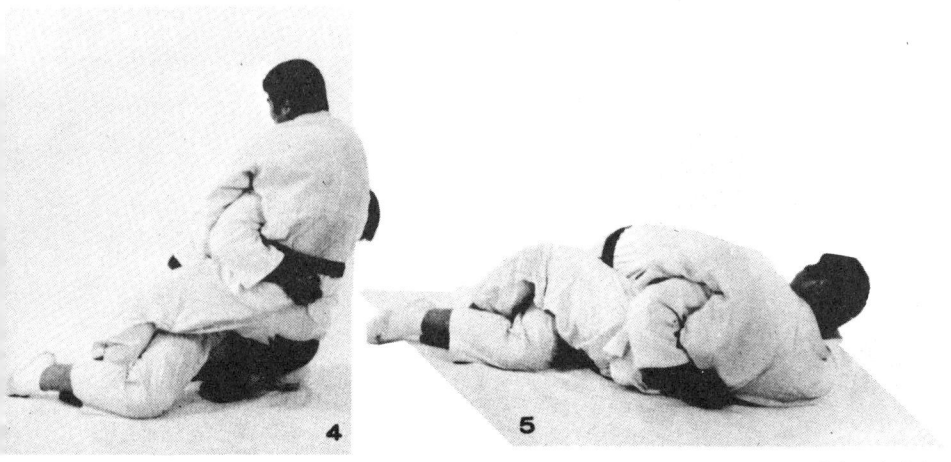

굳히기로 옮긴다.

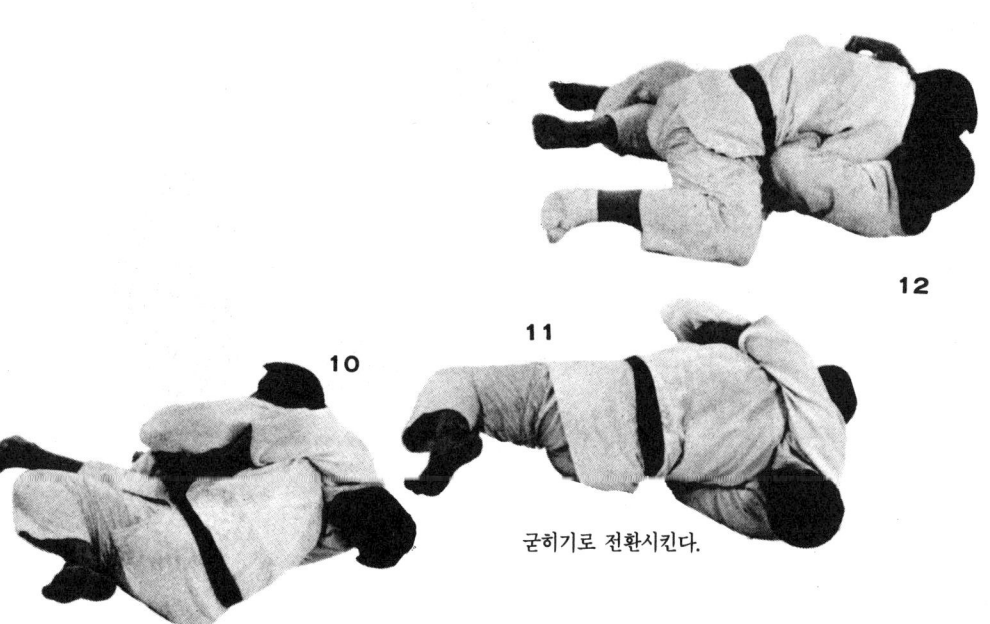

굳히기로 전환시킨다.

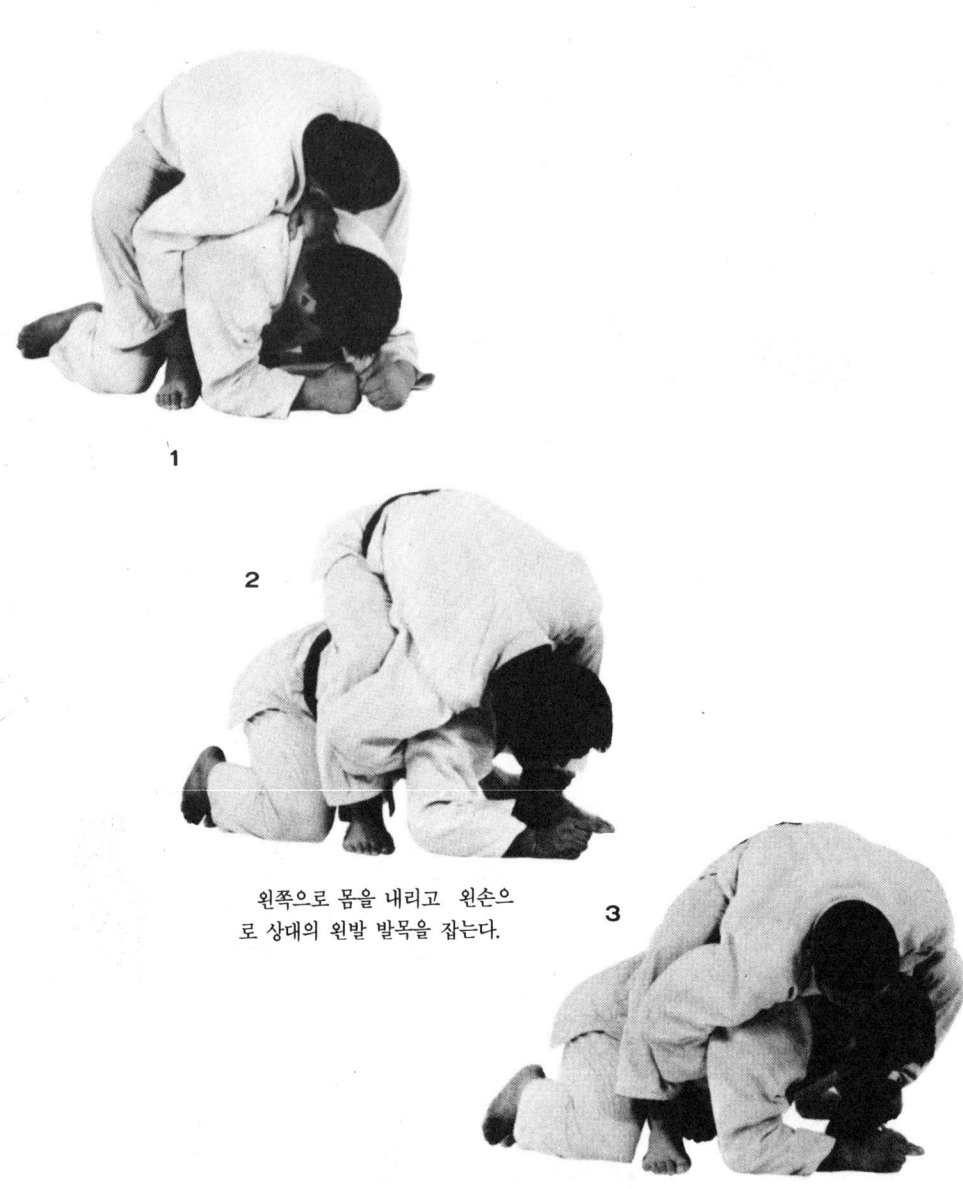

왼쪽으로 몸을 내리고 왼손으로 상대의 왼발 발목을 잡는다.

잡은 발을 고정시켜 왼쪽 어깨로 상대를 밀어 넘긴다.

6

5

굳히기로 전환한다.

4

요점(要点) 사진 2·3의 단계에서 상대에게 위 손으로 오른쪽 옷깃을 잡히면 조르기 공격을 당하므로 주의해야 한다.

A

상대가 왼쪽 겨드랑이 밑에 왼팔을 넣었을 경우 왼쪽 겨드랑이를 졸라 붙이고 그 팔을 제압한다.

자신의 왼쪽 어깨의 방향으로 돌아 상대를 넘긴다.

B

왼쪽 겨드랑이를 굳히면서 돌아 몸을 빼낸다.

머리 방향에서 상대가 겨드랑이에 팔을 넣어 왔을 때

오른쪽 겨드랑이를 굳히고 몸을 오른쪽으로 돌리면서 틀고 팔을 결정낸다.

상대가 뒤 걸어 굳히기로 변화시키려고 할 때는 순간적으로 빨리 자신부터 상대의 몸을 뛰어넘어 반격에 응하면 좋다(108페이지 참조).

뒤 걸어 굳히기로 누른다. 왼손은 자신의 오른쪽, 혹은 왼쪽 옷깃, 또는 상대의 띠를 잡고 겨드랑이를 굳히고 상대의 왼팔이 빠지지 않도록 한다.

상대의 왼쪽 팔꿈치 관절을 잡는다. 후두부(後頭部)로 등을 누르고 상대가 앞으로 회전하는 것을 막는다.

상대의 옆에나 앞에 붙었을 때, 대비없이 상대의 겨드랑이 밑에 손을 넣지 말 것.

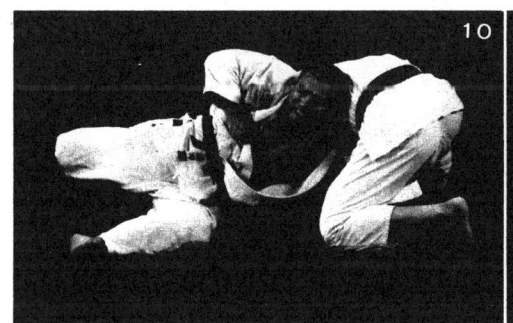 

1

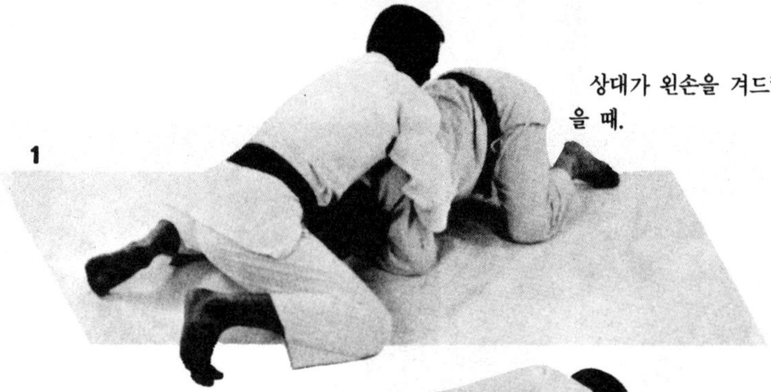

상대가 왼손을 겨드랑이 밑에 넣었을 때.

2

왼손으로 그 손목을 잡고 오른쪽 겨드랑이를 조르고 상대의 왼팔을 제압한다(사진 A 참조).

A

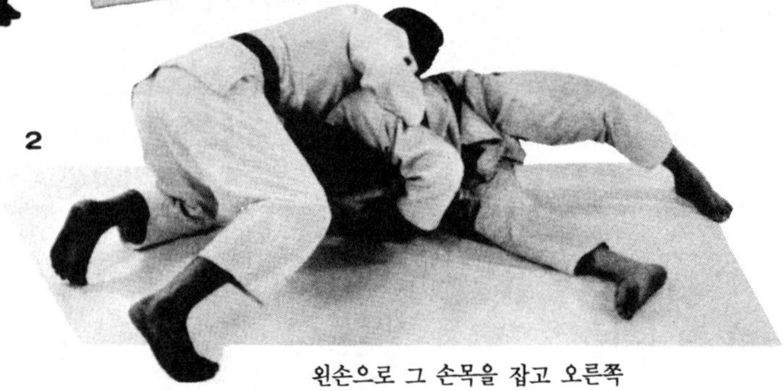

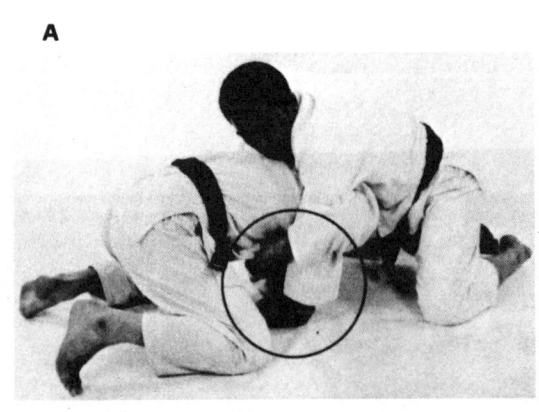

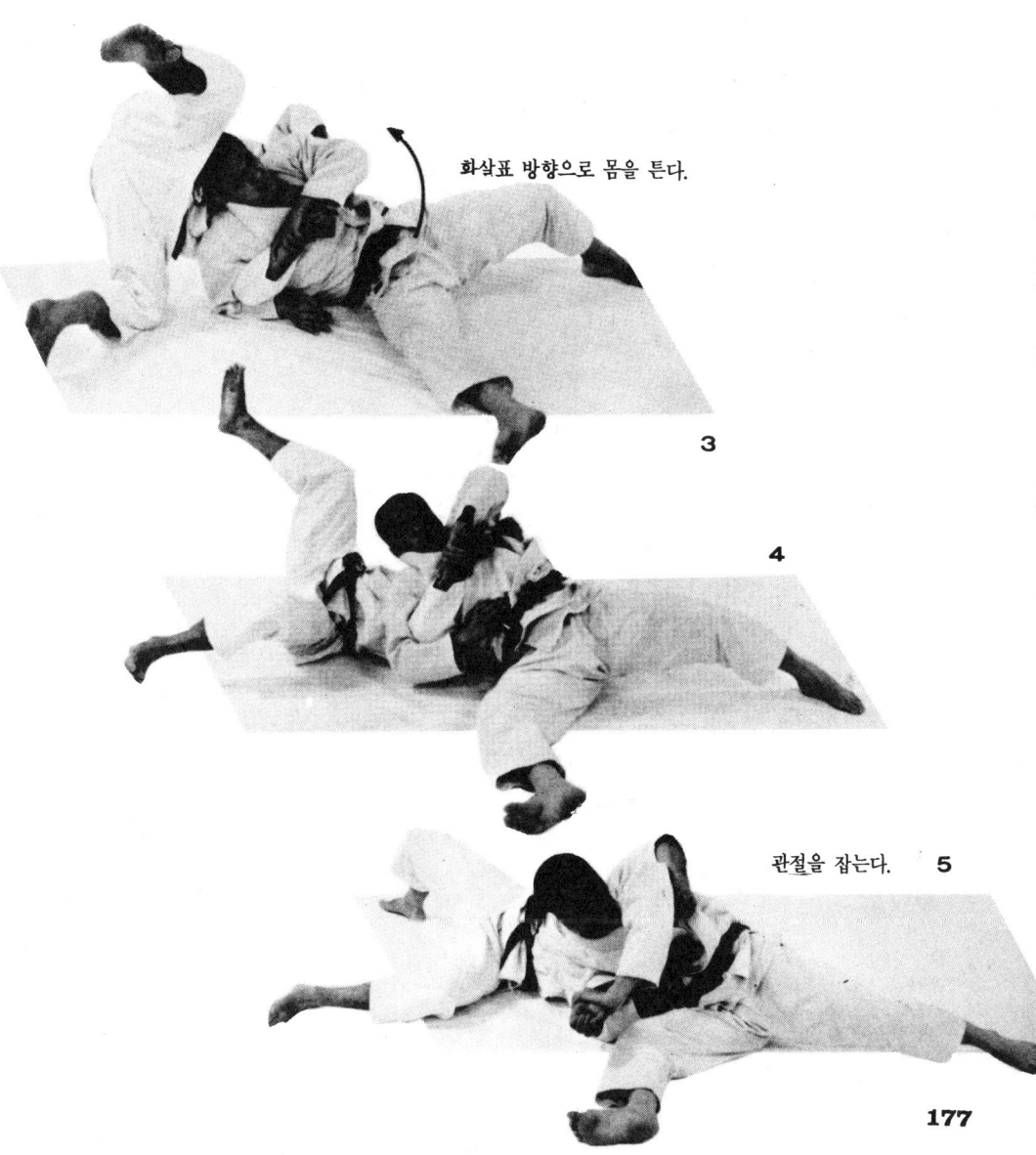

화살표 방향으로 몸을 튼다.

관절을 잡는다.

발을 감아올렸을 때의 공격과 방어

감긴 발을 빼내어 상대를 제압하려고 할 때 다음과 같은 순서를 확실히 알아두어야 한다.
① 2중으로 감겨 있을 때는 우선 하나가 감긴 상태로 해야 한다.
② 상대의 상반신을 자신이 자신있는 방법으로 제압한다.
③ 감긴 것이 풀릴 때 자신이 빼내려고 하는 발 쪽에 상대의 허리가 올라가 있을 경우는(필연적으로 그 쪽의 상대의 무릎은 서 있다) 그 반대쪽의 상대의 무릎의 하의를 잡고 자신의 몸방향으로 끌어붙여 넘기고 발을 빼내기 쉽도록 한다(사진 A~B 참조).
④ 자신의 자유롭게 되어 있는 한쪽발을 사용하여 상대가 감은 발을 벗긴다.
발을 감는다고 하는 것은 당하는 자가 상반신을 제압당하여 그대로 굳히기로 끝난다고 판단했을 경우에 최종적으로 그것을 실행하는 것이다. 거기에까지 가는 데 어떤 방법으로 역전시켜 간다고 하는 자세를 만들 것. 또 그 정신적인 대비가 필요하다. 최근의 경향으로서는 밑으로 들어가게 되면 곧 발을 감는 자가 많으나 그래서는 누워 메치기의 진보는 없다.

A B

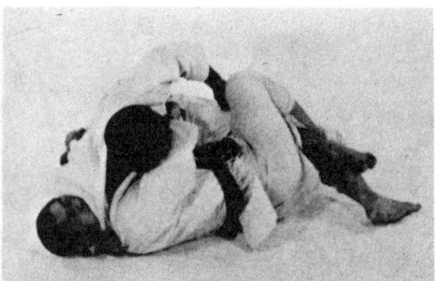

C D

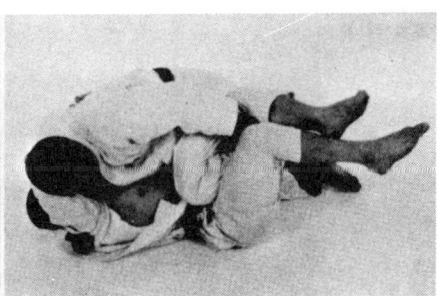

2중으로 발이 감겼을 때 자신의 몸을 약간 밑으로 내린다.

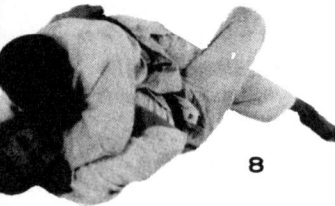

자신의 양 소매 끝을 틀어 맞추어 왼손 새끼손가락 쪽에 조른다. 왼손은 소매 끝을 잡지 않아도 위에서 밀어 붙이고 조른다.

팔감기① 오른손으로 상대의 오른손 손목을 고정시켜 왼팔 팔꿈치를 뜨게 하여 결정낸다.

팔감기② 왼손으로 오른손 손목을 고정시켜 팔을 뻗어 오른손 팔꿈치를 뜨게 하여 결정낸다.

양손으로 상대의 띠를 잡고 몸을 밑으로 내리고 하복부를 눌러 붙인다.

허리를 들고 오른발 발꿈치에 힘을 넣어 일시에 뻗는다.

오른발 발꿈치에 힘을 넣어 뻗으려고 하지만 그것을 뻗을 수 없을 때.

왼발 발꿈치를 상대의 오른발 발꿈치에 대고 그것을 벗긴다.

그대로 두고 있으면 다시 감긴다.

틈을 주지 않고 오른발을 굽히고 감기지 않도록 한다.

팔감기③ 왼손으로 상대의 오른팔을 고정시켜 오른팔 팔꿈치를 뜨게 하여 결정낸다.

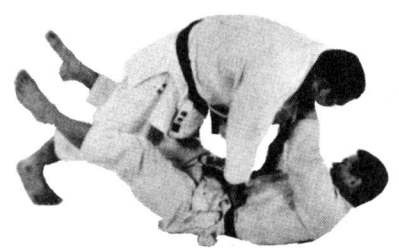

요점(要点) 사진 9와 11에서 상대의 팔을 굽힐 때는 90도의 각도를 잡기 쉽다.

사진 10에서는 자신의 몸으로 상대의 몸을 제압하여 손목을 고정시켜서 팔꿈치 관절을 결정내는 것으로 상대의 오른손의 손등은 위로 향하고 있어도, 또 밑으로 향하고 있어도 상관없다.

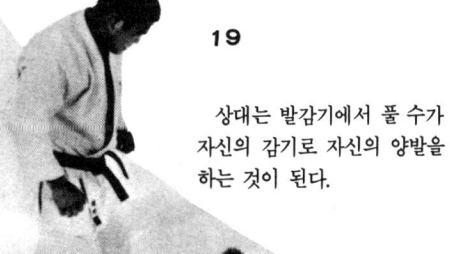

상대는 발감기에서 풀 수가 없어 자신의 감기로 자신의 양발을 제압하는 것이 된다.

상반신의 제압법 4 예(例)

1
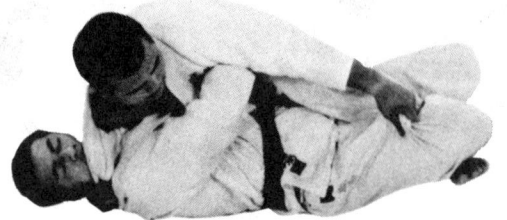

오른손은 상대의 머리 밑을 통해서 자신의 오른쪽 옷깃을 잡고 엄지손가락을 위로 하고 바닥에 붙인다.

2
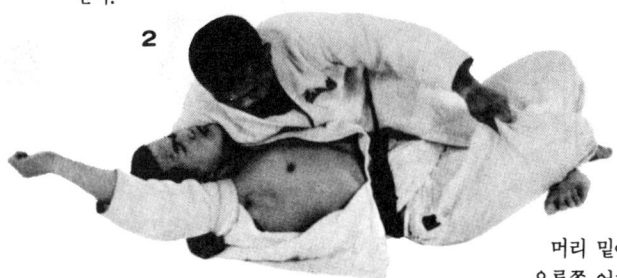

머리 밑에서 상대의 오른쪽 겨드랑이 밑을 잡고 오른쪽 어깨를 내어 제압한다. 자신의 목을 상대의 오른쪽 겨드랑이 밑에 붙이고 오른손의 조작을 보조해도 좋다.

3
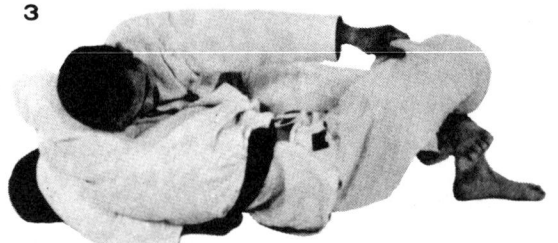

상대의 오른쪽 어깨를 넘길 수 있을 만큼 깊이 뒤 띠를 잡는다. 그것이 얕으면 상대의 오른쪽 어깨가 자유롭다. 머리로 상대의 오른쪽 겨드랑이 밑을 제압한다.

4

상대의 얼굴과 오른팔을 양손으로 안고 들어가서 어깨 굳히기의 요령으로 제압한다.

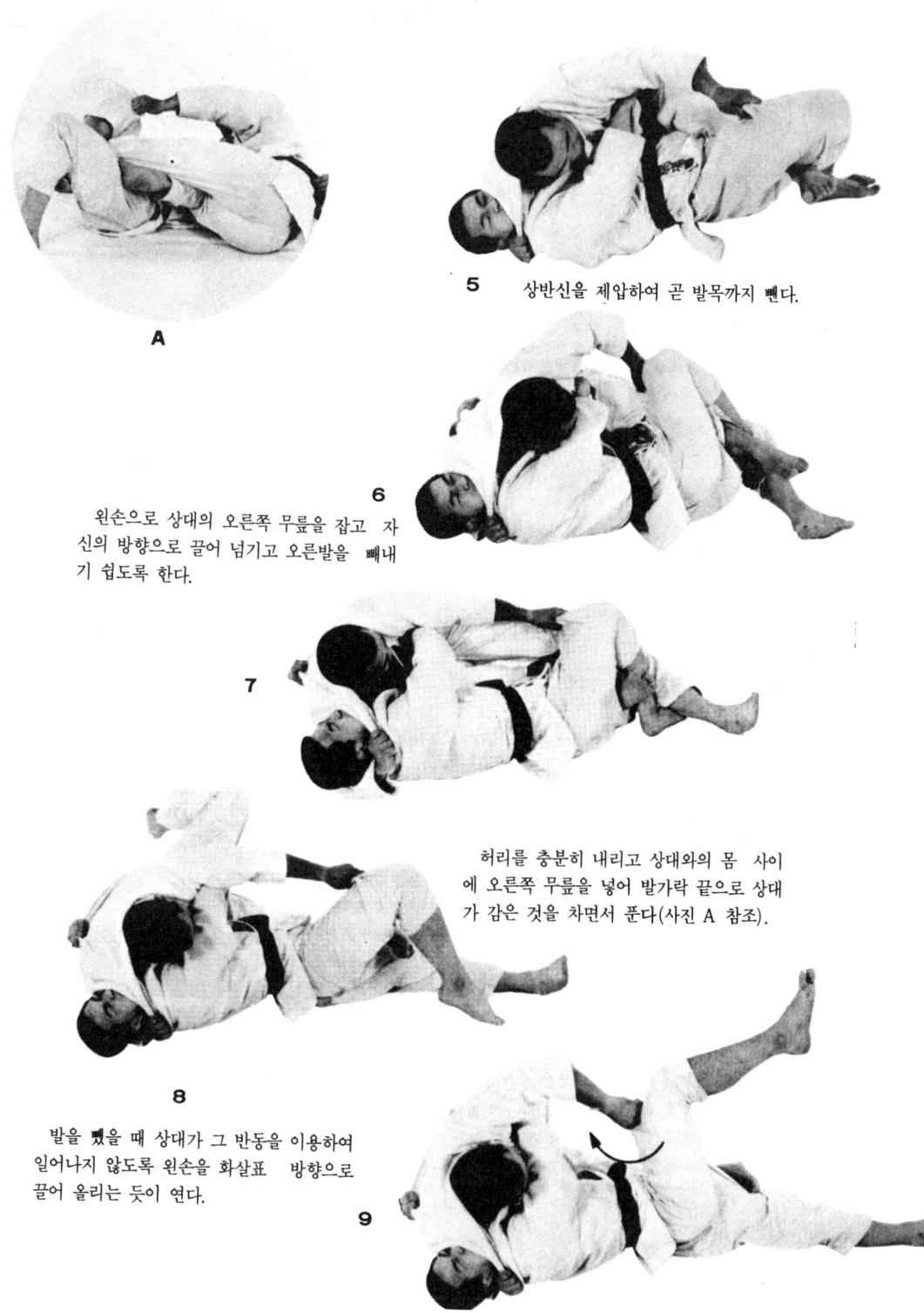

A

5 상반신을 제압하여 곧 발목까지 뺀다.

6 왼손으로 상대의 오른쪽 무릎을 잡고 자신의 방향으로 끌어 넘기고 오른발을 빼내기 쉽도록 한다.

7 허리를 충분히 내리고 상대와의 몸 사이에 오른쪽 무릎을 넣어 발가락 끝으로 상대가 감은 것을 차면서 푼다(사진 A 참조).

8 발을 뺐을 때 상대가 그 반동을 이용하여 일어나지 않도록 왼손을 화살표 방향으로 끌어 올리는 듯이 연다.

9

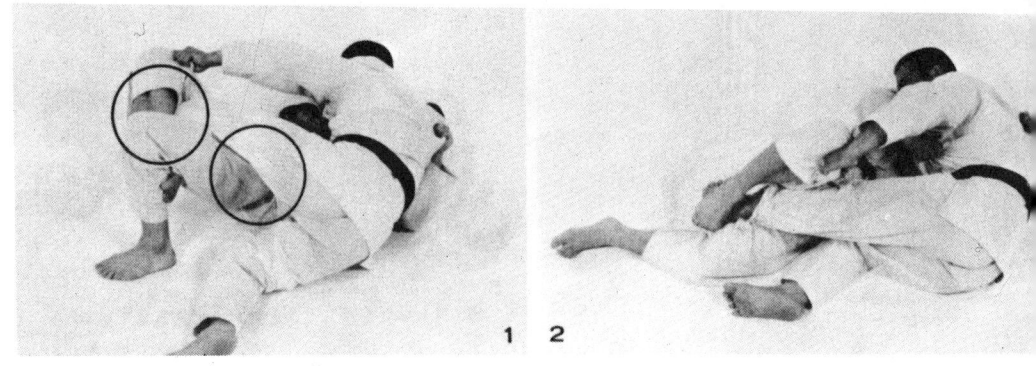

상대의 상체를 제압한다. 상대는 양발의 감기 와 오른쪽 허리를 올림으로써 ○표의 2점을 결 정내어 간다.

왼손으로 상대의 오른쪽 무 릎을 끌어 붙인다.

발을 감고 방어하는 측은 다음의 것을 머리속에 넣고 있지 않으면 안된다.
우선 2중으로 감는 것은 방어로서는 제일 굳은 것이다.
하나가 감기고 있을 때는 단순히 발을 감고 있는 것이 아니며 상대가 발을 빼 내려고 하는 쪽의 무릎을 세우고 허리를 뜨게 하여 튼다. 상대가 다시 반대 방 향으로 빼내려고 할 때는 발을 바꾸어 끼어 반대 쪽의 무릎을 세워 그쪽의 허리 를 바꾸어 틀지 않으면 안된다. (발을 바꾸어 낄 때 상대가 빼내지 않도록 주의 할 것.)
발감기와 허리의 트는 동작으로 방어할 수 없을 때는 자유롭게 되어 있는 손 을 감은 상대의 발의 하의의 끝부분을 잡고 빠져나가지 않도록 한다. 혹은 자신 의 양팔로 상대의 허리를 꽉 안고 동작을 봉쇄하는 것도 하나의 방법이다.
요는 발을 내려고 하는 상대의 기선(機先)을 미리 읽고 거기에 대비하지 않으 면 안된다. 후수가 되면 발을 내주게 된다. 거기에 허실(虛実)의 묘가 있는 것 이다.

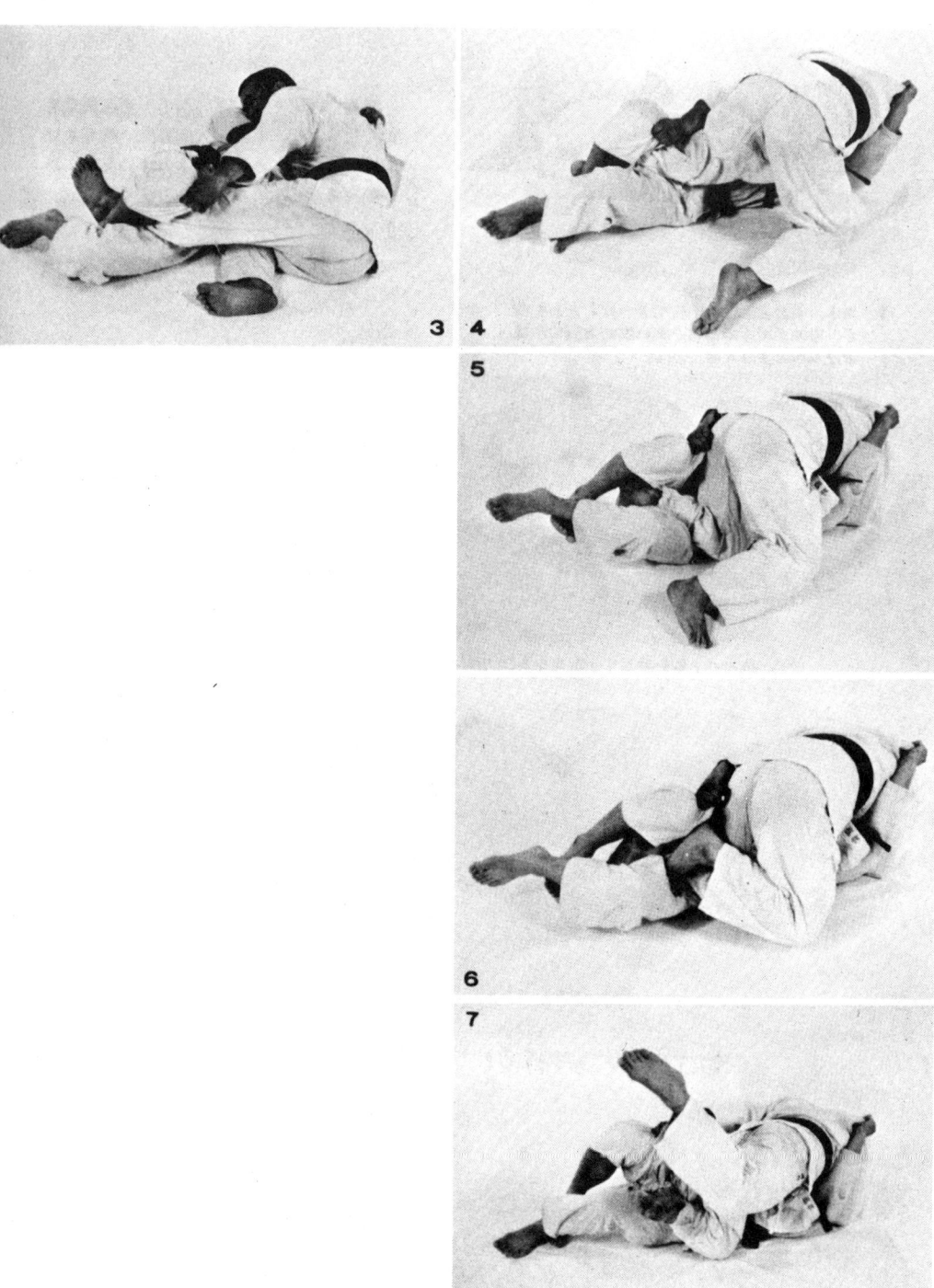

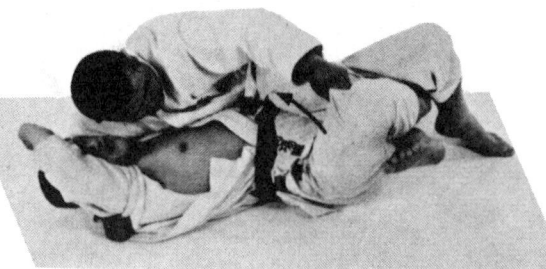

요점(要点) 사진 4의 단계에서 상대가 다시 양발을 강하게 감고 오른쪽 허리를 화살표 방향으로 들어올려 틀고 올 때는 상대의 몸의 왼쪽에 다시 허리를 내리고 공격하는 것도 하나의 방법이 된다.

1 상대의 오른쪽 무릎을 화살표 방향으로 끌어붙이려고 하지만, 그것이 되지 않을 때, 혹은 내리 사방 굳히기로 공격하려고 할 때.

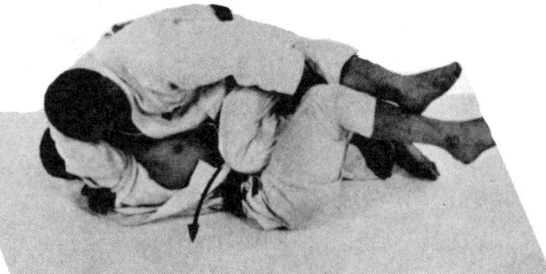

상대의 상체를 제압하고, 왼쪽 무릎을 화살표 방향으로 떨어뜨린다.

다시 상체를 굳히고 허리를 올린다.

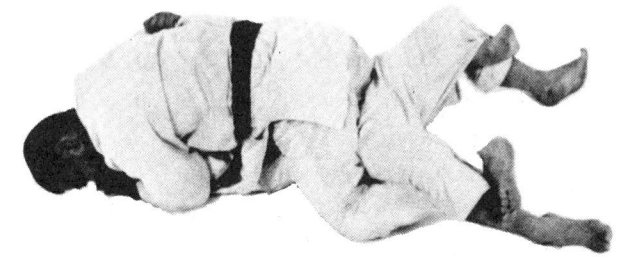

8

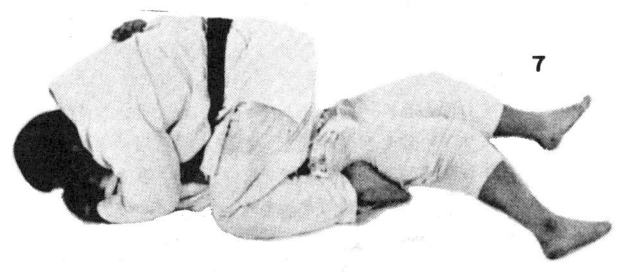

7

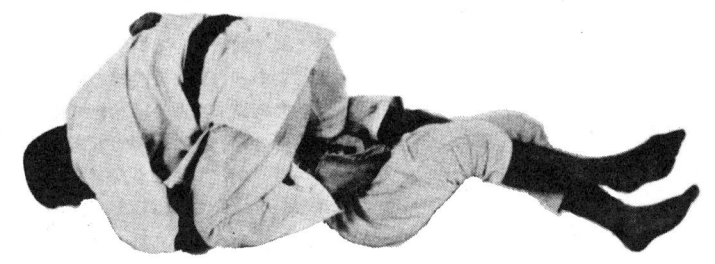

6

5

187

```
판권
본사
소유
```

현대 유도교본

2018년 9월 20일 인쇄
2018년 9월 30일 발행

지은이 | 현대레저연구회
펴낸이 | 최 원 준

펴낸곳 | 태 을 출 판 사
서울특별시 중구 다산로38길 59(동아빌딩내)
등 록 | 1973. 1. 10(제1-10호)

ⓒ2009. TAE-EUL publishing Co.,printed in Korea
※잘못된 책은 구입하신 곳에서 교환해 드립니다.

■ **주문 및 연락처**
우편번호 0 4 5 8 4
서울특별시 중구 다산로38길 59 (동아빌딩내)
전화 : (02)2237-5577 팩스 : (02)2233-6166

ISBN 978-89-493-0537-0   13690

현대인의 건강과 행복을 추구하는

최신판「현대레저시리즈」

계속 간행중!

각박한 시대 속에서도 여유있게 삽시다！！

현대골프가이드
● 초보자를 위한 코오스의 공격법까지를 일러스트로 설명한 골프가이드！

현대요가미용건강
● 간단한 요가행법으로 날씬한 몸매. 잔병을낫게 하는 건강비법 완전 공개！

현대태권도교본
● 위협적인 발차기와 가공할 권법의 정통 무예를 위한 완벽한 지침서！

현대복싱교본
● 복싱의 초보자가 챔피언이 될 수 있는 비결을 완전 공개한 최신 가이드！

현대펜싱교본
● 멋과 품위, 자신감을 키워주는 펜싱의 명가이드！

현대검도교본
● 검술을 알기 쉽게, 빠르고 정확하게 체득 할 수 있는 검도의 완벽한 지침서！

현대신체조교본
● 활력이 넘치는 싱싱한 젊음을 갖는 비결, 현대 신체조에 대한 완전가이드！

현대즐거운에어로빅댄스
● 에어로빅댄스를 통하여 세이프업한 체형을지키는 방법 완전공개！

현대보울링교본
● 몸도 젊게, 마음도 젊게, 남녀노소 누구나 즐길 수 있는 최신 보울링 가이드！

현대여성헬스교본
● 혼자서 틈틈이, 집에서도 손쉽게, 젊은 피부·매력있는 몸매를 가꾸는 비결집！

현대디스코스텝
● 젊은층이 즐겨 추는 최신 스텝을 중심으로 배우기 쉽게 엮은 디스코 가이드！

현대소림권교본
● 소림권에 대해 흥미를 가지고 있는 초보자를 위하여 만든 소림권 입문서！

현대태극권교본
● 천하무적의 권법으로 알려지고 있는 태극권의 모든 것을 공개한 지침서！

현대당구교본
● 정확한 이론과 올바른 자세를 통한 초보자의 기술 향상을 목표로 한 책！

현대유도교본
● 작은 힘으로 큰 힘을 제압하는 유도의 진면목을 익힐 수 있도록 편집된 책！

＊ 이상 전국 각 서점에서 지금 구입하실 수 있습니다.

태을출판사   ＊주문 및 연락처
서울 중구 동화동 52-107(동아빌딩내)   ☎ 02-2237-5577